マンガで
わかる

Web
マーケティング

Webマーケッター瞳
の挑戦!

本文・マンガ原案・全体監修
村上佳代

マンガ
作　画　**ソウ**
シナリオ　**星井博文**

インプレスジャパン

はじめに

本書は、すべての企業や官公庁、教育機関などの部署やチームに1冊ずつ置いていただきたい本です。また、高校生、大学生など、これから世の中に出て行く若い人にも、学生時代に1度は読んでもらいたい本です。

現在、私は、TSUTAYAやTSUTAYA online、Tポイントなどを運営するカルチュア・コンビニエンス・クラブ株式会社のTSUTAYA事業本部におります。そこで、TSUTAYAを運営されているフランチャイズ企業（TSUTAYA加盟企業）様を含めた約１４００のTSUTAYA店舗（２０１1年1月現在）に対して、ＷｅｂやＩＴを活用して、利益拡大とコスト削減を実現させるというミッションをもって仕事に取り組んでいます。

その前は、大企業に対してネット戦略コンサルティングを提供する会社で、企業の経営戦略、マーケティング、営業戦略、販売促進、宣伝に携わる方々の課題解決のお手伝いをしていました。

２社での職務経験年数を合計すると、15年になります。クライアント企業のネット活用を支援する立場、自社の本業をネットを使って支援する立場と、真逆の立場も経験してきた中で、いずれにも共通の「壁」があることを実感しました。そして、それは現在も続いています。

まだ若いネットの歴史のせいもあり、従来メディア（テレビ、新聞、雑誌、ラジオ）とは異なるマーケティングアプローチに対して、周囲から正しく理解されていない印象を感じます。また、ネット独自のビジネスモデルやサービススキームに対して、「汗水流さず儲けている」など特別視（あるいは偏見）されている気配を感じます。「ネットは万能だから、何でもできるでしょ」という行き過ぎた誤解もあるようです。

このような壁を一気に取り払い、「Ｗｅｂマーケティングの正しい理解」「企業の適切なＷｅｂマーケティング活用」「Ｗｅｂ／ＩＴ／デジタルによる企業成長」の実現に貢献したいと思い、この本を書きました。

これらはすべて、この本に所収されている『Ｗｅｂマーケッター瞳 シーズン１』（２００９年8月開始）を「Ｗｅｂ担当者Forum」で連載し始めるにあたり、筆者が強く意識したことです。そして、今回の書籍化で、さらにたくさんの方々にこのメッセージをお届けしたいと思っています。

本書は、Ｗｅｂマーケティングの非常に基礎的な本です。Ｗｅｂマーケティングのバイブルとして、身近に長く持っていていただけることを目標としました。

もし、あなたが学生であれば（はじめのうちは、マンガの箇所だけで充分かと思います）、企業の活動とＷｅｂとの関係、取り巻く人々の仕事をイメージすることができて、確実に視野が広がることをお約束します。

企業にいらっしゃる方で、かつネットの初心者の方なら、これを読んで、すぐにネットの知識を武器にしてください。

また、マネジメントや経営層の方には、自社のマーケティングと事業戦略の整合が取れているか、現状どのような位置づけにあり、どういった役割を持っているのか、その効果や成果の検証が適切かどうかを評価していただきたいと思います。

この本は、どこからでも好きに読んでいただいて構いません。気になる章や知っている言葉のある章からなど、いろいろな章を行ったり来たりしながらでも読めるように意識して書きました。書いてあることはすべて関連しているので、結果的には、きっと全部読んでいただけるものと確信しております。
それでは、どうぞよろしくお願いいたします。

2011年3月　村上佳代

目次

第9章

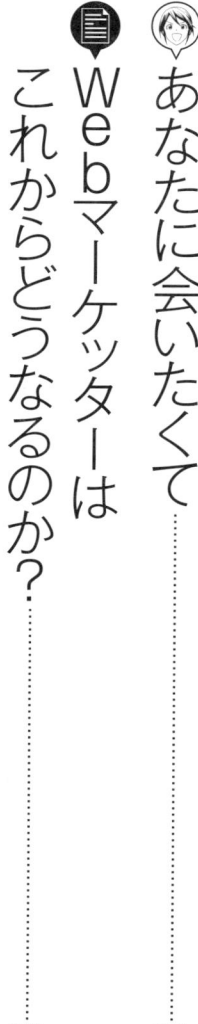

序章

Webマーケッターって何？

●Ｗｅｂマーケティングはマジックワード

「Ｗｅｂマーケティング」とは何でしょう?

小学生ぐらいの子供に説明するとしたら、「Ｗｅｂを使って、たくさんのものを売ったり買ったりすることや、その考え方」となるでしょう。

大人向けなら、「Ｗｅｂを活用した考え方により、売上と利益が上がる仕組みや仕掛けをつくる戦略やその施策のすべて」でしょうか。

おそらく、多くの読者の方は、定義が広すぎてピンとこないか、想定していたものと何か違う、と思われているかもしれません。

このように、意味が広くて曖昧なため、使う人によって様々な意味を込めて都合良く用いられる言葉を「マジックワード」と呼びます。伝える側と受け取る側とで想定している内容が異なるので、マジックワードを不用意に使うと、思わぬ誤解を引き起こしてしまいます。そのような背景があるため、最初に、この序章を通じて、本書内で用いられる重要なキーワードを整理して、皆さんと認識合わせをしたいと思います。

●マーケティングとは何か？

いきなりそもそも論から入りますが、この日本では、「Ｗｅｂマーケティング」に含まれる「マーケティング」という言葉こそが、マジックワードの代表格です。それが何を意味するかの議論なくして、Ｗｅｂマーケティングは語れません。ここでは、先にマーケティングについて説明したいと思います。

まず、マーケティングについてのよくある誤解を、「内容」と「位置づけ」に分けて整理しました。

○［よくある誤解その1］仕事の「内容」に関する誤解

・マーケティングとは「調査・リサーチ」である。
・マーケティングとは「分析」である。
・マーケティングとは「販促キャンペーン」である。

これらはすべて間違いです。他にも誤解はたくさんありますが、とりあえず先に進みましょう。

マーケティングとは、「事業の現状を分析・考察したうえで、企業の成長につながる戦略や施策を考え、実行に移し、その企業の成長を継続させる考え方や取り組み」のことです。

このようなマーケティングの考え方は、特定の部署だけではなく、会社全体のあらゆる部署や社員全員に強く求められるものです。マーケティングを担当する部署や、マーケティング担当者が習得していることは言うまでもありませんが、マーケティング関連の組織だけが身につけるべき知識やスキルではないのです。

◯［よくある誤解その2］組織における「位置づけ」に関する誤解

・「マーケティング部」と「経営企画部」は連携をとらない。
・「マーケティング部」と「営業部」は連携をとらない。
・「マーケティング部」と「研究開発部」は連携をとらない。

こちらもその他たくさんの誤解がありますが、これらもすべて違います。

「マーケティング」はもともと米国からきた言葉や概念だからかもしれません。日本国内に本社がある、典型的な日本の大企業組織では「マーケティング」の概念があまり正確に理解されていない様子がうかがえます。もちろん、すべての会社がそうではありませんが、筆者がコンサルタント時代にクライアントとして接した数多くの大手企業の実態や、その後現在に至るまで数多く見てきた社内外の現状から強く認識していることです。

例えば、「マーケティング」という名前がついた部署があっても、上層部の方に理解と経験がないために、その部署は単に調査だけの部署になっていたり、他部署との役割分担が曖昧なために、権限の範囲が定まらず中ぶらりんな扱いになってしまったりと、パフォーマンスが出しづらい（≒適切に評価してもらえない）現状がよくあるようです。

マーケティングが組織や体制の中で誤解されている現状を簡単に説明しましたが、本書はその批判が目的ではなく、企業でのマーケティングの適正配置の提案であることを念のため、お伝えしておきます。

さて、「マーケティング」について、読者の皆さんと認識のおさらいです。本書では、以下のとおりとしたうえで、この後の話を進めていきたいと思います。

マーケティングとは

「事業の現状を分析・考察したうえで、企業の成長につながる戦略や施策を考え、実行に移し、その企業の成長を継続させせる考え方や取り組み」

●「Web」と「インターネット」はどう違う？

次は、「Ｗｅｂマーケティング」の「Ｗｅｂ」の部分について整理をしましょう。まずは、最初の認識合わせです。

読者の皆さんは、「インターネットマーケティング／ネットマーケティング」と「Ｗｅｂマーケティング」は、同じものなのだろうか？と疑問に思ったことはないでしょうか。現実には、使われ方やその目的はほぼ同じようなものです。

しかし、厳密に言えば、「インターネット」は、コンピュータネットワーク自体を指す言葉であるのに対し、「Ｗｅｂ」はそのインターネット上で提供されるアプリケーションや技術を指し、定義は異なります。

こうした定義にのっとって、厳密に使い分けているメディアなどでは、「インターネットマーケティング」はテクノロジーに寄ったマーケティングを語るときに使い、「Ｗｅｂマーケティング」は企業の事業活動や販促活動に寄ったマーケティングについて話す際に使っているようです。

今現在、この区別が厳密になされていないことが多いのですが、本書は、テクノロジーサイドではなく、ビジネスサイドの話が中心なので、「ネット」ではなく「Ｗｅｂ」という言葉を使わせていただきます。よって、このあとも一貫して「ネットマーケティング」ではなく、「Ｗｅｂ

マーケティング」という言葉で話を進めたいと思います。

●Ｗｅｂマーケティングとは何か？

さて、「Ｗｅｂ」という言葉も非常に広範囲にわたるので、「Ｗｅｂ」と聞いて多くの人がバラバラなイメージをいだくことと思います。

Twitterやmixi、FacebookなどのＳＮＳ

Yahoo! JAPANや@nifty、gooなどのポータル（日本経済新聞では「玄関サイト」）

Amazon.co.jp、楽天市場などのＥＣ（ネット通販）

モバゲータウン（Mobage）、GREEなどのソーシャルゲーム

アメーバブログ、ライブドアブログ、ココログでの著名人ブログや個人ブログ

Googleなどの検索エンジン、メールマガジン、バナー広告、スマートフォン向けのアプリ、さまざまな企業のサイトなどなど、じつにキリがありません。

こうしたサービスを利用するためのデバイスも、ＰＣだけでなく、モバイル、デジタルサイネージ（電子看板）など、固定環境のものからモバイル環境、個人のものから公的なものとさまざまあります。将来的には、当然あらゆるインテリジェント家電も含まれてくるでしょう。

本書では、前出の「マーケティング（「企業の成長につながる戦略や施策を考え、実行に移し、その企業の成長を継続させる考え方や取り組み」）」を促進させるために、「Ｗｅｂ」を使う考え方や取り組み方すべてを、「Ｗｅｂマーケティング」として話を進めていきたいと思います。

Ｗｅｂマーケティングとは
「Ｗｅｂを活用することで、『マーケティング』を促進させる考え方とその取り組みすべて」

●Ｗｅｂマーケッターとはどんな人か？

そして、「Ｗｅｂマーケッター」という言葉も、その言葉を10人が聞けば10通りの仕事像が浮かぶマジックワードではないでしょうか。「Ｗｅｂマーケティング」から派生した用語のため、この言葉がマジックワードなのは、ある意味当然です。

しかし、それでは話が前に進みませんので、新たな枠組みを作って整理を行い、「脱マジックワード」を図りたいと思います。

所属または、勤務している企業や領域で、漏れなくダブりなく（MECE：Mutually Exclusive and Collectively Exhaustive）かつ実態に見合うように考えると、次のように、大きく4つに分けられるでしょう。

Webマーケッターの分類

	種別	主な仕事	所属部署や所属会社の例
1	メーカー 事業会社 Web マーケッター	リアル事業を主とする、メーカーやサービス業などの企業でWebマーケティングを担当する	宣伝・広告、営業、販促、広報・コーポレートコミュニケーションなどの部署。ネットを活用している部署は、すべて該当。Webマスターといわれる場合もある。サイトの統括担当者から、ECサイト担当、メールマーケティング担当、ネット広告出稿担当、宣伝、ネット販促、CRMマーケ担当など実に多様。
2	ネット専業 事業会社 Web マーケッター	主に個人向けのオンライン事業サービスを提供する	Yahoo! JAPANを運営するヤフー、EC（ネット通販）の楽天、検索エンジンのグーグル、mixiを提供するミクシィや、オンラインゲームを提供するDeNA（モバゲー）・グリー。インターネットサービスプロバイダーのニフティ、ソネットエンタテインメントなど他多数
3	広告代理店 コンサルタント Web マーケッター	主に1の企業に対してコンサルティングや企画提供業務を行う	広告代理店、Webマーケティングコンサルティング会社など。電通、博報堂など従来の広告代理店のネット担当。サイバーエージェント、オプトなどのネット系の広告代理店営業。著者がかつて籍を置いていた、ネットイヤーグループ、IMJなどのWebマーケティング戦略コンサルティング会社のプロデューサー、コンサルタント。
4	ソリューション 提供 Web マーケッター	主に1、2の企業に対して、ツールや仕組みを提供する(3とは提携するケースが多い)	レコメンデーションエンジン、アクセス解析ツール、コンテンツマネージメントシステム、SFA（営業支援システム）、メール配信システム、デジタルサイネージなどの開発会社、販売会社などの企画開発者や営業、コンサルタント。

そして、それぞれのマーケッターの関係性を表すと、次のようになり、実は、Ｗｅｂマーケッターの「エコシステム」が形成されているのです。

Ｗｅｂマーケッターと称する職種は、仕事内容や所属によって、このように大きく４つに分けられます。ちなみに、『Ｗｅｂマーケッター瞳 シーズン１』の主人公の瞳は、３の「広告代理店、コンサルタントＷｅｂマーケッター」です。

現在の筆者は、１の「メーカー、事業会社Ｗｅｂマーケッター」、前部署のツタヤオンライン時代は２の「ネット専業事業会社Ｗｅｂマーケッター」、２００１年から２００６年は瞳と同じ、３の「広告代理店、コンサルタントＷｅｂマーケッター」でした。

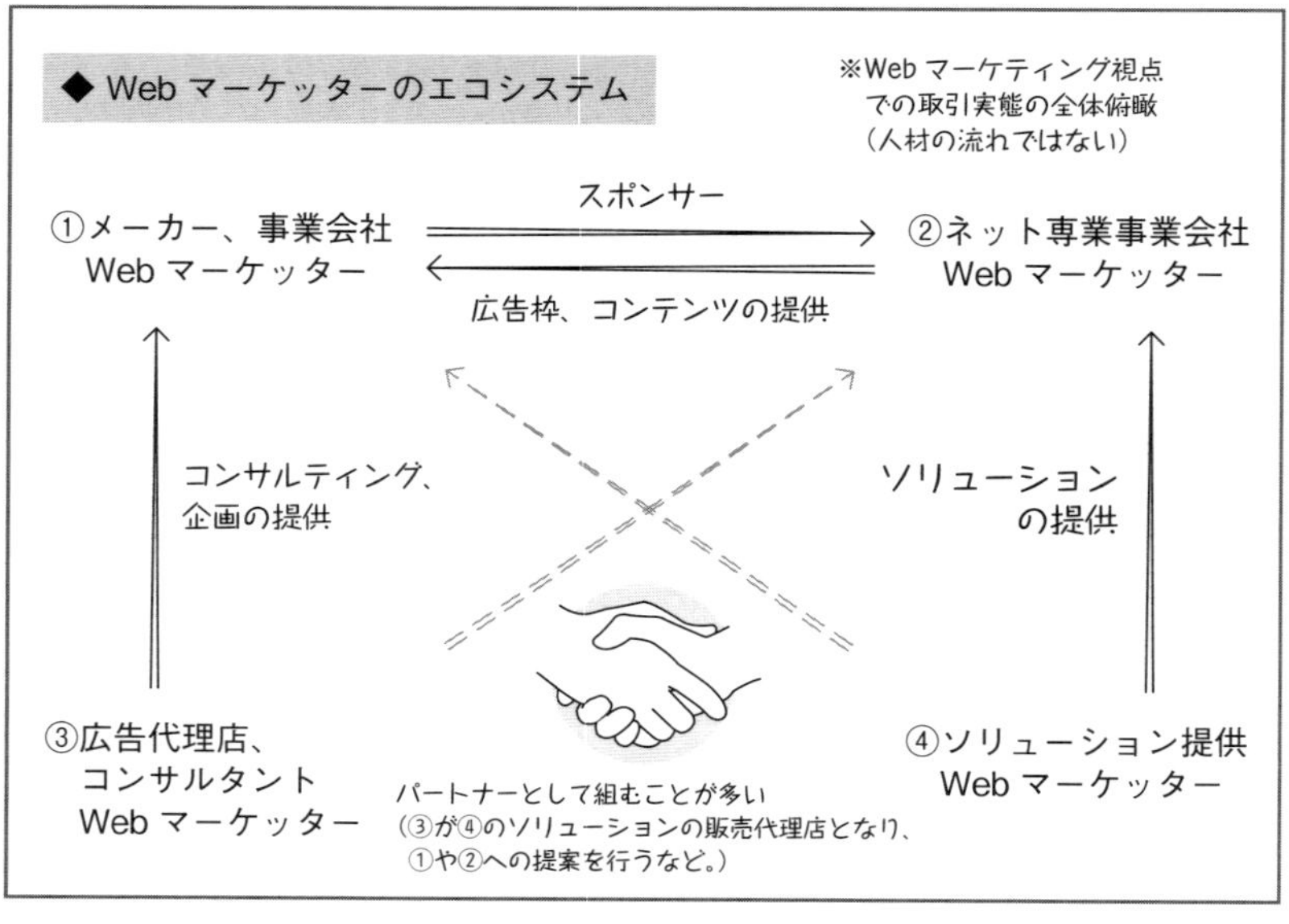

所属分けの次は、「機能」で実際にやっていること、その範囲を整理してみましょう。以下は、実例からいくつか抜粋したものです。ご覧のようにマーケティングの仕事は、複数の機能・役割を横断的に担当することが多いのが特徴です。いわゆる、「横ぐし」のミッションです。

この組み合わせは、企業や部署、担当する人の数だけあると言っても過言ではありません。常日頃、広い守備範囲で横断的に動き、成果を出すことを求められているＷｅｂマーケッター像が見えてきませんか?

再び、『Ｗｅｂマーケッター瞳 シーズン１』の主人公・瞳を例にすると、彼女は、「営業」「分析」「戦略」「ＣＲＭ（Customer Relationship Management）」「企画」が主要業務となります。とても広いですね、だからいつも髪がボサボサで走り回っているのでしょう（笑）。

筆者の場合も「戦略」「ＣＲＭ」「分析」「企画」「ＢＰＲ（Business Process Reengineering）」「業務管理」「営業」など、

◆ Webマーケッター機能とその範囲の例

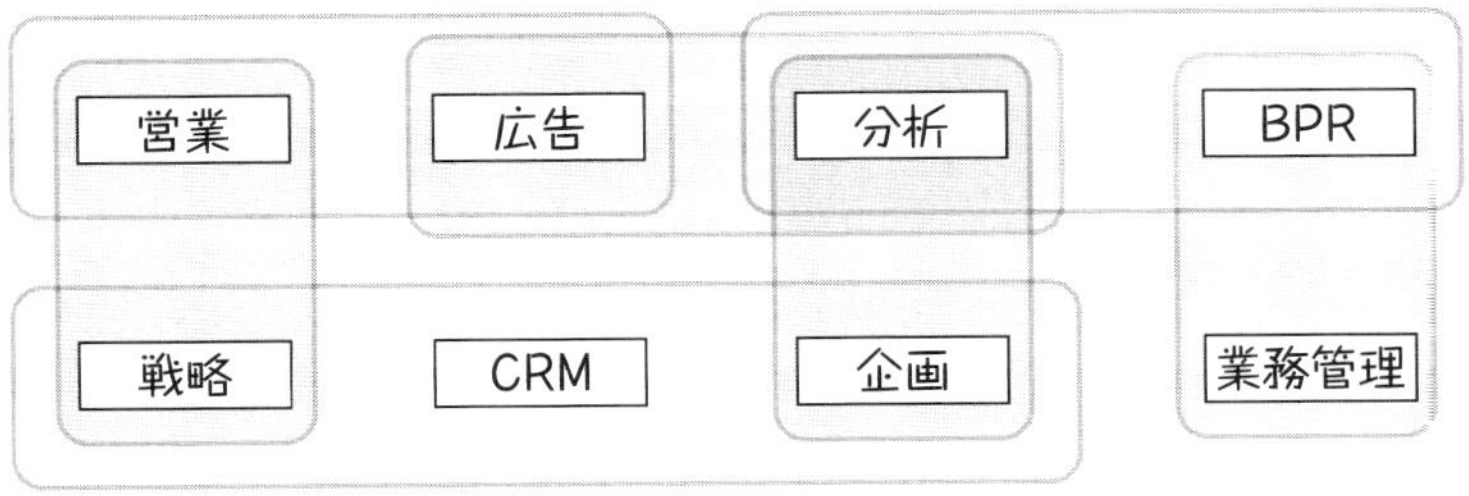

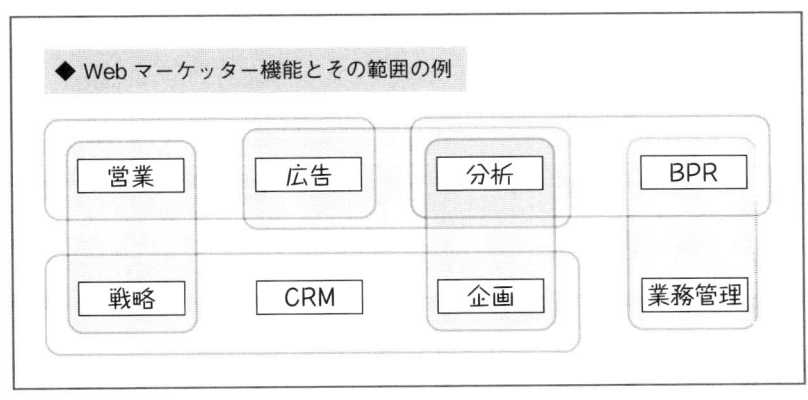

この15年の中で網羅的に携わりました。所属の概念、機能・役割の概念の2つの軸で、Ｗｅｂマーケッター像を捉えておくと分かりやすいかと思います。

序章のわりには長くなってしまいましたが、「マーケティング」「Ｗｅｂマーケティング」「Ｗｅｂマーケッター」について、おわかりいただけたでしょうか。

それでは、本編に進みましょう。ここからは、マンガ1章ごとに対になる解説部を用意して、マンガ→解説→マンガ→解説という順序で話しを進めていきます。マンガのストーリー内で扱ったテーマを直後の解説部で補足することで、より深い理解が得られるように工夫しています。

第1章
PVだけでいいんですか？

クライアントが
決めたんだから
それでいいのよ

ネット戦略のコンサルティングぅ？
株式会社ネットデイズ
ネットマーケティング戦略事業部
アソシエイト戦略コンサルタント
三立　瞳
MITA HITOMI

御社のWeb担当の方へコンサルティングし共に成果を上げるのが仕事です
どうでしょう御社のHPも一度見直しをしわが社のノウハウを生かし新しい顧客アプローチを考えてみては？
ネットデイズ
三《み》立《た》　瞳《ひとみ》(26)

なるほど どうかね板井君 ちょうどGWの キャンペーンも あることだし
一度ためして みては
…
まぁ要するに ウチのホームページを 作ったり ネットでなんかうまく やってくれるってことよね？
まったく異業種の 素人に扱えるもの じゃないわよ
Web担当　リーダー
板井《いたい》　奈留《なる》(32)
あー　また 同じこと言ってる お客ってみんなこう 言うのよね
新しい風って 奴じゃないか
ですが 素人ですよ 素人
おいおい 君
戦略とかマーケとか 根っこは同じだから あんまり気にしなくて いいんだけど… 素人に限って 「うちの業界は特殊だから…」 って言うのよね
まぁいいわ
部長がそこまで おっしゃるのなら やってみましょう
あ、ありがとう ございます！

三日後
一洋ホーム
クライアント
一洋ホーム株式会社
東証一部上場
従業員　8000名
資本金　100億円
最近汐留に
自社ビルが移転した
創業120年
超一流企業
いつみても
大きいビルね
今回の目的は
一洋ホームが
GWに予定している
キャンペーンの成功
一洋ホーム
モデルハウス
私にとっても
初めての大企業
相手の仕事
よしっ
頑張るぞ

おはようございます
ネットデイズの三立です
え
三立さん
Web担当リーダーの板井さんお願いします
はい?
い…いや…いませんよ
お約束は現地だったハズですが…
あ
いっけない!!
そうだったモデルルームで待ち合わせしたんだった
キャー
バタバタ
大丈夫かな
一洋ホーム
モデルハウス
すみませんでした

ハァ
ほ、本社の方に行ってしまいまして
ハァ
わたしてっきり本社だと勘違いしちゃって…
何遅刻してきといていきなり言い訳
い、いやそういう訳じゃ
あなたがうちの商品を見てみたいって言うから
現地集合にしたのよね
忙しいのになによこれ
本当にあんたみたいな女で大丈夫なの
うう…最悪っ!!!

とにかく
は、はい
うちの商品についてはきちんと理解してもらわないと困るからちゃんと聞きなさいよ
この人こんな顔もするんだ…
やる時はちゃんとやるんだ
ちょっとちゃんと聞いてる?
聞いてます聞いてます

ザワ…
ちょっと待ってください
何、文句あるの？
クライアントが決めたんだからそれでいいのよ
KPIってやつはPVを1.5倍にして
つまり100万PVが目標よ
PVだけでいいんですか？KPIの本来の意味は…
いいのようちはずっとそうしてきたんだから
うちのサイトのことは私が一番よく知ってるの
コト…
……

KPI=Key Performance Indicator

KPI
簡単に言えば“指標”
経営戦略上の目標に関連づけられた日々の業務の達成度合いを測る数値のことだ。
すなわちKPIの目標値を意識して日常業務をこなしていけば自然と戦略の目標も達成されるのである
大目標。
半年後の目標。
1カ月後の目標。
1週間後の目標。
明日の目標。
今日の目標。
今回のキャンペーンは『GWにマイホーム計画を立てよう』
もちろんPVの増加を図ることは間違っていない
――けど
本当にそれだけで
いいんだろうか

三立の心配をよそに
キャンペーンPRは
開始された
キャンペーン
サイトの作成
戸建住宅
ゴールデンウィ
家ウィーク
ネットデイズの
経験と知見を駆使し
多角的に実施した
TV CMからの
キーワード検索誘引
詳しくはWebで！
GWは家W
検索
外部出稿
GWは家W
PVの伸びは
予想をはるかに上回り
順調であった
目標を達成するのは
時間の問題
全てが上手くいっている
…ハズだった

おはようございます
三立くん
ちょっとこれどういうことよ
ドスン
え、え～？
わぁ
PVが予想以上に順調に増えているじゃないですか
よかったですね
こっちよ
こっち
モデルハウス予約者数
予約者数がほとんど増えてないじゃないの
件数
PV
そうじゃないわよ
え、ええ
そうですね
そうですねじゃないでしょ

ただHP見に来ただけじゃ意味がないのよ
わかる
モデルハウスの予約者数が増えなきゃ
キャンペーンしても仕方ないでしょ
確かに…今の状況はランディングページからの離脱者が多い…これじゃ予約数が増えないのは当然よね
でもPVの増加が目標になっていたから仕方ないことじゃ
住むナビ
Google
Yahoo!
一洋ホーム HP
PV
これだから素人を入れるのは嫌だったのよ
何がプロよ何がコンサルティングよ
このまま予約者数が伸びなかったら
責任とってもらうわよ
だからこんな女嫌だったのよ
ブチッ

お言葉ですが
PVだけを
目標にしたのは
あなたでしょ
何を今更
言ってるんですかっ
なっ
に
『PVが目標なのが
以前からのやり方』
ってあなたが
言ったんですよ
予約者が
増えないなんて
そんなこと
わかりきっていた
ことでしょうが
わ、わかり
きってたって…
あんたコンサルタント
でしょ

ビクッ
だったら どうしてそう アドバイス してくれないのよ
ぐぐ
まぁどうせ 責任逃れでテキトーに 言ってるんでしょ
本当に 役立たず
ダァン
よく言うわ 聞く耳なんて もってないくせに
あんたがまともに 話を聞いてくれれば こんなことに ならなかったのよ
ま―― 人のせいに しないでよ 信じられないわ
とにかく 何とかして 予約者数を 増やすのよ
わかったわね
バタン
……

……
…
ポタ
ポタ
う…
うっ
うっ
どうして あんなこと
言っちゃったんだろ
あの時KPIが
PVだけじゃ良くないって
気づいてたのに…
言えなかった
私の責任なのに

感情的になって
仕事ができないなんて…
こんなの
プロじゃない
な…
何よそれ
先程は
本当に申し訳
ありませんでした
感情的になったとはいえ
言葉がすぎました
以後気をつけますので
お許し下さい

そんな安い頭下げられても意味ないのよ
どうすんの予約者数
KPIをもう一度見直します
ですから
私に任せて下さい
一任して下さい
必ず予約者数を増やしてみせます
本当にできるの
もちろんです
わかったわ任せるわ
!!
ただし皆の生活がかかっているの
絶対成功させるのよ

瞳を取り巻く環境とWebマーケティングで使われる指標

●『Webマーケッター瞳 シーズン1』はどのようなケースか？

『Webマーケッター瞳 シーズン1』の主人公、三立 瞳は、大手のWebマーケティング戦略会社に勤務して4年目、26歳のWebマーケティングコンサルタントです。『Webマーケッター瞳』は、瞳が初めてメインで担当する大企業案件の、始まりから終わりまでの波乱万丈の約半年間を描いた話です。

クライアントの一洋ホーム（架空の会社）は、最近汐留に自社ビルを移転した、創業120年の老舗一流ハウジングメーカーという設定です。

一洋ホームの属する住宅業界は、日用品や食品などの業界と異なり、顧客が商材（住宅）に興味を持ち、検討し、購入に至るまでが極端に長い業界です。このような商材を扱う業界では、その長い検討期間中に、「どのようにして一洋ホームへの興味やコミットメント（かかわり合い）を維持してもらうか」がKSF（Key Success Factor：当該事業で成功するための要件のこと）となります。

このような背景があって、一洋ホームはモデルハウスに見込み顧客に来てもらうことを目標として設定し、重要施策として位置づけていました。

なぜ、モデルハウスなのか？　それは、見込み客にモデルハウスに来てもらうことで、例えば、次のような貴重な顧客情報を入手できるからです。

・顧客が持ち家取得の検討中であること
・興味の段階が、「資料請求」からさらに進化した「モデルハウスに出向く」段階であり、営業に使える有効リストであること
・実際に来場した人なので、本人確認済み（これは特に、個人情報取り扱いに敏感な現代の環境においては重要）
・複数回訪問者の場合は、モデルハウス来場時の情報更新により状態の変化が把握可能なこと（例：住所、会社、希望住居などの情報が変わった場合の更新ができる）

こうして、一洋ホームの「ゴールデンウィークのモデルハウス誘導キャンペーン」と「モデルハウス誘導オータムキャンペーン」は実施されました。

今回のエピソードは、「キャンペーンの実施（Go）は決まっているなか、何を（What）、どのように（How）、いつどのようなスケジュールで（When）実施するのか?」といった、プロジェクトの詳細設計と実施を、一洋ホームが瞳の会社へ依頼したことから始まります。

ちなみに、どこの業界でもそうですが、20代半ばで突然プロジェクトの責任者を任されることはほぼ皆無で、これはＷｅｂマーケティングコンサル業界も同様です。ただし、この「モデルハウスへの最大集客」は、プロジェクトとしては比較的狭い範囲で、ゴール設定が明確、またクライアント側の担当部署も上位マネジメント層ではなく一担当部門と比較的小規模なので、26歳と若干若めでしたが、このマンガでは、思い切って瞳を抜てきしました。

●Ｗｅｂマーケッターを取り巻く職種

序章で、Ｗｅｂマーケッターひとりひとりの所属やその仕事内容が多岐にわたる点について触れました。

ここでは、「Ｗｅｂマーケッター瞳 シーズン１」のストーリーにフォーカスし、その周辺で関連している職種をピックアップしていきます。

まずは、人物相関図をご覧ください。

クライアント側（案件の発注側）である一洋ホームは、Ｗｅｂマーケティングの担当者を中心に、アクセス解析などの数値分析の担当者、ＩＴ部門のＤＢ担当者の３名が登場します。コンサルタント側（案件の受注側）は、Ｗｅｂマーケティングコンサルタントである主人公の瞳です。この場合はプロジェクトの規模が大きくないので、プロジェクトのプロデュースと統括進行（プロジェクトマネージメント）を、瞳が兼ねて対応していました。

合計４名ですが、これはストーリー上、この４人がオモテに登場しているだけで、この４人だけですべてを動かしているわけではありません。この案件で実際に稼動している業務として

Webマーケティングコンサル会社

▼Webマーケティングコンサルタント
三立 瞳

KPI策定、DBの活用など、事象分析結果からPDCAを回すコンサル案件が得意。

大手住宅メーカー：一洋ホーム

▼Webマーケ担当　板井 奈留

最初は「瞳」に対して懐疑的で、Webマーケについても表面的な理解しかなかったが、このプロジェクトの体験で本質的な理解に至る。

▼分析担当　将解 析男

アクセス解析をメインに、マーケティング分析を担当。分析結果の価値をマーケ担当に理解してもらえず苦労していた。このプロジェクトで一気にオモテ舞台に。

▼IT部門（DB系）　金澤

IT部門にいるが、事業部側（業務要件）への理解がある貴重なタイプ。

（プロジェクトの場合はよく「稼動」という表現を使います）、一洋ホーム側はWebサイト制作・運用、メール制作・配信、コンサルティング側は、検索エンジンに強い分析系補佐がいる想定です。よって全体で7名〜8名ほどの人が携わっています。

このプロジェクトは、キャンペーンサイトを閲覧したユーザーを、リアルのモデルハウスへ誘導することがゴールです。第一段階として、サイトへの集客の最大化には「検索エンジン対策」を活用、その後メールでモデルハウスへの入場までをきめ細かくフォローしました。よって、節目ごとの数値管理が重要となり、その役割のスタッフが、クライアント側にもコンサルタント側にもいたことが特徴です。

補足すると、今回のプロジェクトは、ブランディング的な要素や、サイトデザインなどの要素がなかったため、インフォメーションアーキテクト（情報設計担当）やWebデザイナー、それらの人たちを仕切るアートディレクターなど、制作・デザイン系の役割のスタッフの出番がありませんでした。しかし、実際の現場では、これらのスタッフも重要な役割を担っています。

例えば、案件の内容がさらにクライアントの経営方針と密接に関連する経営戦略案件であれば、財務や会計の専門的知識や経験があるコンサルタントが必須となります。

●Ｗｅｂマーケティングに使われる指標（１）：ＰＶ
――解析指標の基本

第1話のタイトルは、「ＰＶだけでいいんですか？」です。「ＰＶ」と聞いて、何をイメージされるでしょう？

「プロモーションビデオ」、主に音楽コンテンツの販売促進用ビデオのことですね（最近だとビデオクリップという言い方の方が多いようですが）。

「プレゼントバリュー」、現在価値のことですね。ファイナンスの仕事をされている方、経営層の方、財務や経営を学んでいる方にとっては、むしろこちらの方がポピュラーかもしれません。

Ｗｅｂの世界では、ＰＶといえば「Page View（ページビュー）」、すなわち「Ｗｅｂサイト内で閲覧されたＷｅｂページ数」のことを意味します。Ｗｅｂマーケティングに使われる指標としては、最も基本的かつ不可欠な指標です。

さて、このＰＶですが、意味合いと使われ方はテレビの視聴率に近

最新月間視聴率ランキング

Webサイト名	PV数
Yahoo! JAPAN	約314億PV
Google	約60億PV
楽天	約60億PV

出典：Nielsen/Netratings NetView 2011年1月 家庭と職場のPCからのアクセス

いです。サザエさんの視聴率は33・7%というアレです。しかし感覚的に近いというだけで、算出方法などは視聴率とはまったく異なりますので、要注意です。算出方法は追って説明します。

ＰＶは、Ｗｅｂサイトの閲覧ページ数であることはお伝えしましたが、実際の例で見てみましょう。先の表は、２０１１年1月の月間ＰＶです。

Yahoo! JAPANに関していえば、月間約３１４億ＰＶです。日本の総人口約1億３０００万人で単純に割り算すれば、日本人全員が1か月に２００ページ以上見ている計算になります。大変な規模であることがわかります。

「じゃあ、自分の会社のサイトのＰＶはどうなっているんだろう?」気になりますね。その調べ方も後ほど説明します。

●Ｗｅｂマーケティングに使われる指標(2):ＵＵ——具体的なユーザーが見える

ＰＶとほぼ同じぐらいによく使われる指標に「ＵＵ(ユーユー)」があります。Unique User(ユニークユーザー)の略で、重複をカウントしないユーザー数を指します。

例えば、Yahoo! JAPANの２０１１年1月1か月間のＵＵは約５３００万人、Googleは約３８００万人、楽天は約３０００万人です(出典:Nielsen/Netratings NetView ２０１１年1月

家庭と職場のPCからのアクセス）。

「たくさんの人がYahoo! JAPANを使っている」と、漠然とイメージだけで伝えるよりも、「日本人の半数近くの５３００万ＵＵがYahoo! JAPANを使っている」と表現することで、、具体的な規模感が見えてきませんか。

また、実際はテーマパークやお店、交通機関の乗客数などは「のべ」でカウントされることが多いため、ＵＵは、Ｗｅｂマーケティングで特に使われる指標と言えます。

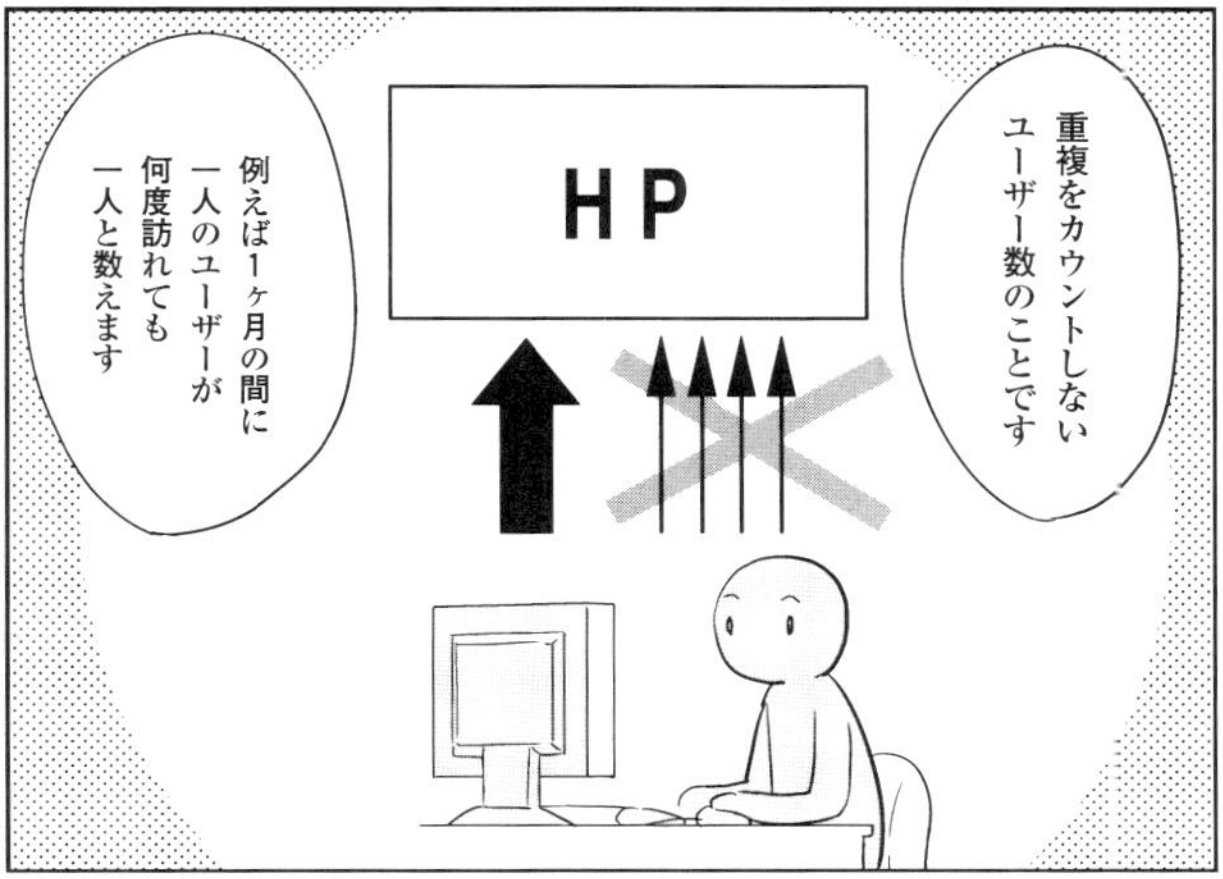

●Ｗｅｂマーケティングに使われる指標（３）：セッション数――実は、最も身近な指標

また、他によく使われるのは、「セッション数（訪問回数）」です。この言葉は、アクセス数と同義で使用する場合もあり、表記に若干の幅（ゆらぎ）があります。「のべユーザー数」の概念も併せ持っている指標です。

実際の店舗をイメージすると、わかりやすいと思います。1か月の間に「少なくとも一度は来店したお客さんの数」（ユニークユーザー数）が100人だった場合、そのうち90人が同じ月にもう1回ずつ訪れたとすると、「のべ来店人数」は190人になります。この「のべ来店人数」が、Webサイトでいう「セッション数」です。

先に現実のテーマパークやお店、交通機関の乗客数などは、「のべ」でカウントされていると言いましたが、セッション数はほぼその概念に近いため、表現は異なりますが、じつは非常に身近な数字であることがおわかりかと思います。

●Webマーケティングに使われる指標(4)：1人あたりの指標——結局はこれが決め手

「1人あたりのPV」や「1人あたりのセッション数（訪問回数）」は、PVとセッション数をそれぞれUUで割って算出します。1人あたりに計算し直した指標は、Webサイトの規模感だけでなく、「質」を評価する場合、また、マーケティング施策を考える際に非常に有効です。

例えば、

・1か月のPVが100PV、UUが100人のサイトA
・1か月のPVが100PV、UUが10人のサイトB

があったとします。1人あたりのPVを比べてみると、サイトAは1人あたり1PV（1PV／1人）、サイトBは1人あたり10PV（10PV／1人）となります。同じPVであっても、「ユーザーからの支持の程度」に10倍の違いがあることがおわかりだと思います。

また、これをマーケティング施策に、どのように活用できるかを簡単にご紹介します。

サイトAの場合、全体PVを200PVにしてその価値を上げようとしたら、ユーザーをあと100人増やす必要があります。いっぽう、サイトBは、あと10人増やせば計算上は目標が達成できることになります（これは、「感度分析」の考え方に近い手法です）。

このように、1人あたりの指標が分かると、目標を達成するための具体的なプロセスのイメージが掴みやすくなります。

●Webマーケティングに使われる指標(5)：コンバージョン率
——打ち手につながる優秀なKPI

もうひとつ、組み合わせ系で重要な指標があります。商品の販売やサービスの申し込み、資料請求など、明確なゴールを持ったWebサイトで非常によく使われるものです。「コンバージョン率（CVR：Conversion Rate）」と言われ、購入数（または購入者数）や申込数（または申込者数）などの目的を表す数値を、UU（またはセッション数）で割り算して計算します。

これは、絶対的にUUかセッション数のどちらか片方を選択するものではありません。各企業や各Webサイトで、自社としてどちらに設定した方が、施策の効果の評価ができるか、または打ち手につながるかを検討して、独自に定義するものです。過去に、某大手ECサイトで、PVで割り算してCVRを算出しているのを見たことがありましたが、これは、打ち手に直

結しづらいので絶対にやめた方がいいです。

ＥＣサイトの例を使って、コンバージョン率そのものの理解と使われ方に触れてみましょう。ある、アパレルのＥＣサイトのコンバージョン率が５％だったとします。これは、Ｗｅｂサイトに１００人のユーザーが来たら、５人が購入していることを意味しています。一般的なＥＣサイトのコンバージョン率が１％と言われることと比較すれば、非常に効率のよい優秀なＥＣサイトであるといえます。

このアパレルＥＣサイトが、売上を１・６倍にする目標を持ったとします。その場合、コンバージョン率を現在の５％から、１・６倍の８％にアップさせる目標を設定し、結果購入者が８人いたら計算上は目標達成です（母数は同数の１００人の前提）。

このように、コンバージョン率はわかりやすく、施策の効果予測と実績のギャップ分析も簡易なため、「売上を上げる／効果を上げるＫＰＩ」として最近、最も出番の多い指標です。

Ｗｅｂマーケティングには、他にもＣＴＲ（Click Through Rate：クリック率）、ＣＰＡ（Cost Per Acquisition / Action：成果1件あたりのコスト）などがあります。本書は、実務的な説明が主ではないため、個々の指標の具体的な説明は省略します。

●アクセス解析なしでは語れないWebマーケティング指標

突然、「解析」という言葉が出てきて驚かれた方もいるのではないでしょうか。

「なぜここで、アクセス解析か？」と言いますと、それは、先に登場した「PV」「UU」「セッション数」などはすべて、「アクセス解析ツール」によって計測され、明らかにされる指標だからです。

アクセス解析をきちんと理解しようとすると、現実問題として、技術的な知識が必要なのですが、ここでは最低限必要な「さわり」のところに注力してお話しします。

今日では、Webサイトを運営している企業の多くが、「何らかのマーケティング用計測ツール」を導入しています。

ツールには、初期投資額が数千万円から億単位に達するぐらいの大規模なものから、無料で使えるものまで数多くあります。このように、アクセス解析ツールは、今のWebマーケティングを取り巻く環境のなかで、最も多くのバリエーションが存在するツールと言ってもいいかもしれません。

Webサイトの規模や役割によって、見るべき指標も異なってきますので、それぞれの「サイト規模に合わせたツールの導入」が企業にとって重要な意思決定になります。

私自身、２００７年のツタヤオンラインのＷｅｂマーケティングマネージャー時代に、ある大規模なアクセス解析ツールの導入を経験しました。

自社のＰＶやＵＵの規模、当時の部署の目的や業務フローに合わせて、４つから５つの解析ツールに候補を絞り、細部に至る機能までを徹底比較し、コストを考慮して最終決定に至りました。導入検討段階から、完全導入（社内ユーザーの活用）まで、１年半近くかかったプロジェクトです。そのうち、１年近くが検討期間でした。

Ｗｅｂマーケティング効果を最大化させる施策（＝売上向上、認知度向上）を考えるうえで欠かせないのが、主要なマーケティング指標です。その基本的指標を取得するために必要なツールが、「アクセス解析ツール」というわけです。

よく投資対効果も問われるのですが、あくまで解析ツールの導入はより現状をわかるようにする手段です。新事業を始めるわけではないため、事前に定量的に投資対効果を出すのは、なかなか困難です。

しかし、確実に言えることは、アクセス解析ツールを導入すると、今までわからなかったＰＶやＵＵ、直前に閲覧していたサイトがどこのサイトなのか、検索エンジン経由のときに入力した言葉が何かなど、重要な情報が入手できるようになります。そうすれば、施策や打ち手、ページやカテゴリーごとのＣＶＲがわかり、過去を定量的に評価できるようになり、以後の施策の精度は確実に高くなります。

社内の他のプロジェクト同様、導入のためのコストが高額になればなるほど、最終決裁者の役職が上がります。どんどん偉い方に決裁をお願いすることになりますが、そういった高い役職にある方々にこそ、Ｗｅｂマーケティングへの理解、または、理解しようとする姿勢をぜひとも持っていただきたいと、切に願います。

第2章 そのPVが無駄なんです

離脱する
お客はいらない

お客を選ぶんです

私が今回設定したKPIは登録者数
目標は現在の100倍です
私が御社の歴史を変えてみせます
奇跡を起こします
そう、あなた方は生き証人となるのですよ
よかったですね
本当ね
本当にそんなことができるのね
も、もちろんです
もし失敗したら・・・そこの人達が路頭に迷うわよ
え？

っ!!
生活ができない
PVが落ちる
クビにはなりたくないよ
私は悪くない
きゃあああああ
ガバッ!!
!?
!?
!?
夢……
なんか不吉ね…

それでは前回の反省を踏まえて
9月に行われるオータムキャンペーン戦略会議を行いたいと思います
まずKPIですが
前回はPVを増やすのが目標でした
ビシ
今回のKPIは
CVRです
何よそれ

えっ
CVRとは サイト訪問者数のうち コンバージョン（登録）した 人の割合のことです
登録フォーム
コンバージョン（Conversion）とは 直訳すると「転換」です サイト訪問者が実際に登録、購入するなど、目的とする取引に繋がった比率のことです
な、何よ
し、知ってるわよ 知ってるに 決まってるでしょ 念のためよ
ここでいう サイト訪問者は UUとします
ゆうゆう？
コホン
UU… ユニークユーザー とは…
この人本当に Web担…？
重複をカウントしない ユーザー数のことです
例えば1ヶ月の間に 一人のユーザーが 何度訪れても 一人と数えます
HP
もちろん 知ってるわよ
ズズ
キュポン

これがCVRを算出する式です
登録者数÷UU＝CVR
簡単な計算式ね
そして今回の目標値は、
キュ
UU＝CVR
前回のCVRの5倍です
グッ
ご…
5倍!?
それだけではありません
サイト予約者の来場者数は
10倍が目標です
じゅ…10倍!?

わかりやすく図にするとこうなります
サイト訪問(PV)　予約者数　来場者数
これまで　1000　CVR1% 10　CVR30% 3
目標　1000　CVR5% 50　CVR60% 30
5倍　10倍
ちょ、ちょっと待ってよ！
あ…あんたそんな大口叩いて大丈夫なの？
もちろんです
その為の作戦はそのつど説明していきますね
今回はまず"登録率を上げる"
上げるって…
どうやって…？
離脱するお客はいらない
お客を選ぶんです
思い出してくださいGWキャンペーンのKPIはPVのアップでした結果大幅アップ
当然でしょ
フフン
一洋ホーム HP
つまり計画は大成功なんです
こんな感じのイメージです

しかし
離脱率が高い
HPに訪れた客がどんな人間なのか知る必要があります
洋ホーム
つまりモデルルームキャンペーンサイトに子供や学生がきても意味がありません
そりゃそうでしょう
そんな人いないわよ
あんたバカ?
そうでしょうか
決めつけはいけません
とにかく一つずつ原因を探って進めていきたいんです
……
まぁいいわ
あなたに頑張ってもらわないと皆クビになっちゃうかもしれないからね
…前回のキャンペーンの流入経路を知りたいんですが
アクセス分析をしている方は誰ですか

そんなのいるわけ ないじゃない
いますよ
板井リーダーが 将解《しょうかい》君は 陰気臭いからって 資料室に 追いやったんですよ
ひ… ひどい
そ… そういえば そんなこと あったわね
ゴゴゴゴゴ…
資料室
ここです
ぶ… 不気味ですね
失礼しまーす ネットデイズの 三立瞳です
カチャ…

いらっしゃあああい
ゼゥゥ
きゃあああああああああ
す…すみません
ズズ
い…いえ
なれてますから…
GWの時って
アクセス解析
やってました？
も、もももちろんです
あた
ふた
アクセス解析担当
将解　析夫
どど…どうぞ
見てください…
パタ

わぁ
ちゃんとやって
あるんだ
へ…
へへへ
へへ…
ソフトも
「サイトカタリベ」
使ってます
おもしろいわね
他のデータも
見てもいい？
え、ええ
もちろん
ど、どうぞ
流入経路を全部洗い
出してもらえないい？
外部出稿先の
リストと
それぞれの出稿費も出して
わ…わわ
わかりました
カタ
カタ
カタ

パチ
パチ
パチ
パチ
パチ
パチ
パチ
よっしゃ
え
ガタッ
これで流入経路はひととおりわかった
グッ
わぁ、もう1時じゃない
終電がなーい
……

なによそのお肌
ボロボロじゃない
服も昨日と一緒だし
キタナイわね
あーその子が
分析担当ね
忘れていたわ
何か役に
立ったかしら
ええ、大変
優秀な方でしたよ
ピクッ
ではまずサイトに訪れる
お客さんの流入経路を
おさらいします

外部出稿
・住むナビ
・メルマガ
・オーバーチュア
（Yahoo！検索連動広告）
・アドワーズ
（Google検索連動広告）
検索エンジン
・Yahoo！
・Google
・MSN
ノーリファラ
・ブックマーク
・URL直接入力
HP
CGM
・ミクシィ
・ブログ
・掲示板
（2ちゃんねるなど）
どんなサイトでもサイトの流入経路を分類するとだいたいこんな感じですが、業界や扱っている商材でそれぞれの比率は大きく変わります
GWのキャンペーンで全体の1／4を占めていたのですが住むナビからのアクセスです
オホホホホ そうでしょう
住むナビは私が推薦してすすめたのよ
ここが無駄です
ビクン
はっ

ガタッ
ちょっと無駄ってどういうことよ
住むナビのおかげでPVが伸びてるんじゃない
先日も申し上げましたがPVが目標ではありません
CVRが重要なんです
特に住むナビは不採算出稿なんです
あなたね言っていいことと悪いことがあるのよ
住むナビにいくら払っていると思ってるのよ
だから住むナビは無駄なんです
ユーザーにクリックしてもらい、こちらからポイントを払う
つまりPVを金で買っているにすぎない
ドスッ
そ…そうよ、何が悪いのよ
ポイント目的の人がモデルルームに来ると思いますか？
そ、そんなのわからないじゃない
わかります
あ

こ…こ、これは流入経路別の予約者数です
流入経路別の
流入数と予約数の比例
住むナビ
サイト訪問数
83300ＰＶ
ランディングページ
登録ページ
予約
予約者数75人
検索エンジン（Y＋G）
キーワード
（一洋ホーム）
（一洋モデルルーム）
サイト訪問数
37600ＰＶ
ランディングページ
登録ページ
予約
予約者数128人
予約者数は
検索エンジン経由の方が多い！
検索エンジン経由に比べて圧倒的に少ない
見込みのないお客様が多く“住むナビ”への出稿は不採算なんです
………
い…いいわよ
あなたにまかせているもの…
好きになさい
ガチャ
今日は終わり気分悪い

さて
これで、予約に繋がらない支出をカットできる
次は、流入経路分析第2弾といきますか
登録者に至るCVRが高い流入元の割り出しが必要ね
そこでCVRが高く効率のいいサイトに出稿するか相互送客するなど、施策を考えて効果をシミュレーションしてみる、と
そして次はLPOね
なにそれ
いきなり中東問題？
ガチャ
ジョ、ジョークに決まってるじゃない！

KPIなしでは語れないWebマーケティング

●KPIとは?――じつは会計用語です

KPI（Key Performance Indicator：重要業績評価指標）も、昨今では非常にメジャーになった業績、業務管理用語ですが、狭義では管理会計用語です（ちなみに、会計には、「財務会計」と「管理会計」の2つあります。後ほど、詳しく説明します）。

各企業で事業部やグループごとにKPIを設定し、日々の業務に活用しているという話も少しずつ耳にするようになりました。

著者もちょうど、所属部門の営業進捗を可視化するためのKPIの定義、管理運用方法、打ち手に活かすスキームを策定しているところです。部署の数値目標、各担当者のMBO（Management By Objectives：目標管理制度）との連動も考慮して策定するため、何度やってもこれには悩まされます。

それではここであらためて、ＫＰＩとは何かという疑問を投げかけてみたいと思います。序章でマーケティングはマジックワードだと言いましたが、ＫＰＩも今やマジックワードの１つかもしれません。単なる「目標」の意味で使っている場合もあるようです。
ビジネススクール・グロービスの「ＭＢＡ経営辞書」から引用すると、以下のように記載があります。

重要業績評価指標（ＫＰＩ：key performance indicator）とは

「組織の目標を達成するために重要な業績評価の指標。業績評価指標を定めることで、目標が明確になり、現状のパフォーマンスの把握ができる。それにより、目標値との差異分析や、組織行動の再調整という目標達成への改善プロセスが機能する。また、指標は、組織の目標と因果関係があるものにすべきだ。間違った指標を設定すると、いくらモニタリングしても目標達成しない。戦略を変更するなら、新たな目標に合わせた評価指標を、柔軟に設定しなおすことが重要である。なお、指標は多すぎても混乱をきたす。適切な指標を設定し、モニタリングしてこそ、組織の目標を達成できる。」

平たく言うと、「目標達成を目指すうえで、実際の行動の目安となるように、わかりやすくした数値」のことです。

例えば、あるアパレルメーカーが今期の売上アップ10億円を目指したとします。出店の開発をする部署としては、何を行動の目標とすればいいでしょうか。

ここで「売上アップ10億円」をそのまま自部署のKPIにすることはできません。出店開発部の部員たちに、「売上アップ10億円だ！」と言っても、「だから何をすればいいのか？」ということになり、すぐに日々の業務、実際の行動につながらないことは明白です（ちょっと極端な例えですが）。

例えば、前提として、「ユニクロ」を展開する、株式会社ファーストリテイリングのWebサイトの財務ハイライト（http://www.fastretailing.com/jp/ir/

KPI=Key Performance Indicator

KPI
簡単に言えば“指標”
経営戦略上の目標に関連づけられた日々の業務の達成度合いを測る数値のことだ。すなわちKPIの目標値を意識して日常業務をこなしていけば自然と戦略の目標も達成されるのである
大目標
半年後の目標
1カ月後の目標
1週間後の目標
明日の目標
今日の目標

financial/graph.html）に掲載されている、２０１１年8月期の予測数値を使いたいと思います。売上予測８４６０億円、店舗数２１４７店舗、単純に計算すると1店舗あたりの年間売り上げは約３・９億円です。

「1店舗新店のオープンによって、年間4億円弱の追加売上」を見込むわけです。この出店開発部の今期のＫＰＩを、新店オープン３店舗とすれば計算上は会社の売上アップ10億円に貢献できることになります。売上目標とＫＰＩの間に、「正の相関」がある理想的な状態です。

ここまでの流れの中で、気づかれた方も多いと思いますが、内向きの行動に繋がる具体的な指標がＫＰＩです。これに対して、対外的に提示してコミットメント（約束・公言）する売上や利益などの指標が一般的に言う目標です。

ＫＰＩの管理は、「管理会計」の考えがベースにあります。管理会計とは、株主・債権者・公的機関など対外的に見せる「財務会計」ではなく、社内・部内における行動の意思決定に使うための指標を用いた会計で、労務管理や業務管理の概念です。

財務諸表の公開方法や時期などに法的規制を受ける財務会計と比べて、管理会計は法的規制を受けないので、定義や使われ方、算出方法は所属の団体や会社ごとに異なります。要は、自由に決められるもので、どのような切り口でも、自分たちにとってわかりやすく、アクションを起こせて、結果的に売上や利益目標が達成できれば何でもいいのです。

筆者が前職のWeb戦略コンサルティング会社にいた7年ぐらい前、あるブロードバンドコンテンツ配信事業のアクセス解析とKPI策定のコンサル案件を担当していました。

クライアントの期待は、「それを達成すれば、会社としての目標が達成できる日々の行動目標とその管理方法の確立」です。

言葉で言うのは簡単ですが、当該事業の本質的な理解を土台にして現状を把握し、目標とのギャップから積み上げるべき数字と、その数字を達成可能にする行動指標と、サイトのパフォーマンス指標を割り出す。そこから、KPIがユーザー数なのか、ユーザー単価なのか、商品価格設定なのかを意思決定するのは相当に苦労しました。

結果から言うと、会員単価は実施前と比較して160%ほど上がりました。しかし、元の単価が小さく単価アップ2倍以上を目指していたため、全く納得のいく結果ではありませんでした。「たられば」は厳禁ですが、今の自分ならもう少し良い成果が出せるのではないかとつい思ってしまいます。

最後にKPIのポイントを、簡単に整理すると、以下のようになります。

○KPIのポイント

・業種、業態、扱う商品によって大きく異なる

・他社、他部署の真似をしても意味を為さない
・「決め」の問題である。関係者間の納得感と運用が回ることが非常に重要
・設定を間違えると、目標が達成できない。これは、致命的
・「目標」ではなく、目標を達成するための「行動の目安となる指標」

●Ｗｅｂマーケティングの第一歩はＫＰＩから

Ｗｅｂに限らず、基本的にマーケティングの第一歩となるのがＫＰＩです。どうも最近、Ｗｅｂは節目節目で数値が取れて、見たい視点ごとでの集計や分析ができるので、「妙に頭のいい人のツール（良い意味でも悪い意味でも）」のように言われる体《てい》もありますが、それもまた、誤った認識です。

しかし、確かに、Ｗｅｂの場合は、顧客の反応や施策の数値的結果が、アクセス解析ツール、広告効果測定ツール、ネットアンケートなどによって、テレビや、新聞、雑誌などのリアルな施策よりも入手しやすい環境にあります。

Ｗｅｂの場合、情報や知識、それに好奇心、あとは予算（多くの方が確保に苦労しています）があれば、ネットアンケートや調査の活用、アクセス解析ツール、広告効果検証ツール、メール

配信システムの導入などで、自社による定量データの蓄積が可能です（その蓄積した定量データを検証などで活用できているかどうかは別の問題ですが）。

テレビ、新聞、雑誌などのリアルなビジネスだと、広告代理店や調査会社など、他社にデータや情報の取得を頼る場合もまだまだ多いようです。

しかし、情報やデータの入手のしやすさに違いがあっても、効果検証の実施が必要なことは言うまでもなく、効果検証無しでの施策の実行は、お金と労力の垂れ流しに過ぎません。

そういった背景があって、ＫＰＩ策定や効果検証、ＰＤＣＡ（Plan-Do-Check-Action）サイクル最適化などが叫ばれるようになり、一歩先んじてＰＤＣＡが発達したのがＷｅｂマーケティングです。

昨今の、リアルもネットも含めたＫＰＩに関するセミナーの増加や、ＫＰＩという言葉自体の浸透度を思えば、Ｗｅｂマーケティングの貢献は大きいと言えるでしょう。

そして、実際の企業で最も重要なことは、ＷｅｂだけのＫＰＩ策定だけでなく、Ｗｅｂも含めて、テレビ、新聞、雑誌、ラジオ、アウトドア、そして営業・販売部隊などすべてのメディアとチャネル（販路）全体を俯瞰し、一気通貫させた、ＫＰＩの策定です。

エンドユーザーから見れば、チャネルが違っても同じ企業ブランドです。そのエンドユーザーに伝えたいメッセージを届けることをイメージすれば、テレビだの、Ｗｅｂだの、店だのと言っている場合ではありません。

２０１０年5月、私がモデレーターを務めた「アクセス解析サミット」のパネルディスカッションで、パネリストの1人であったユニクロの高林千歌さんが、「お客さまから見れば、Ｗｅｂであろうが、実店舗であろうが、どちらもユニクロであることに全然変わりはない。ＫＰＩもリアルとネットが連携している」とおっしゃっていたことが印象的で、さすが日本を代表するSPA（Speciality store retailer of Private label Apparel：製造から小売までを統合した最も垂直統合度の高い販売業態）であると感心しました。

しかし、多くの日本企業では、各種メディアやチャネルの担当とＷｅｂがまったくの別部署で、数値情報が共有されない状態の会社がまだまだ残っているように見受けられます。

Ｗｅｂを販促やキャンペーンなどの一時的な手段ではなく、継続的に売上と利益を創出するマーケティングの手段として位置づけたうえで、企業経営のバリューチェーンに組み込み、コミットメントしている組織や体制はまだ少ないです。Ｗｅｂマーケティングを小手先の販促ツールのように使っているケースが実際は多いのではないでしょうか。

あなたの会社はどうでしょうか？

●ＫＰＩ設定の難しさと怖さ

この章の始まりで、ＫＰＩの定義やポイントをお伝えしました。

ここでは、ＫＰＩ設定を間違ったことが原因で起こってしまった失敗の事例から、ＫＰＩ設定の難しさと怖さをお伝えしたいと思います。

強烈で印象的な失敗は、なかなかリアルから引用することは難しいので、『Ｗｅｂマーケッター瞳 シーズン１』で、多くの読者の共感を集めたシーンを使って説明したいと思います。

マンガの場面を思い返してみてください。なぜ瞳がキレていたのかを簡単に説明します。一洋ホームの「ゴールデンウィークのモデルハウス誘導キャンペーン」で、一洋ホーム担当者である板井とも相談のうえ、期間中のＫＰＩを「１００万ＰＶ」と設定しました。しかし、そ

PV=	ユーザー数	×	1人あたりの訪問回数
	↑ 増やす		↑ 増やす

お言葉ですが
PVだけを
目標にしたのは
あなたでしょ
何を今更
言ってるんですかっ

の設定したＰＶは達成したものの、目標としていたモデルハウス来場の予約者が増えませんでした。この目標値が達成できなかったことの責任を、板井が一方的に瞳に押しつけようとしたことに、瞳はご立腹なのです。

それでは、具体的に失敗したのは何だったのでしょう？

このケースでは、当初はＰＶを増やすために、当該キャンペーンサイトを訪れる人とその回数を増やすことにしました。

簡単な公式で説明してみましょう。ユーザー数と１人あたりの訪問回数、この２つの変数の値を増やせば、ＰＶはその掛けた分だけ増えます。

ユーザー数と１人あたりの訪問回数を増やすために、検索連動型広告（Googleアドワー

ズ広告や、Yahoo!リスティング広告が有名）や、クリックインセンティブ型広告（クリックするとポイントがもらえるなど、ユーザーにメリットがある広告）などを実施しました。

結果的に、当初設定したＫＰＩである「１００万ＰＶ」は達成しているので、施策の内容は誤っていません。

誤った（失敗した）のは、ズバリ「ＫＰＩの設定」なのです。達成してもビジネスゴール（モデルハウス来場の予約者数増加）に貢献しない項目を設定してしまったため、無駄にお金と時間を使ってしまったのです。

投じた費用の額にもよると思いますが、これが現実の企業で起こってしまったら、責任者（今回の場合は板井）の進退が問われてもおかしくありません。

そして、この物語では、次のキャンペーンである「モデルハウス誘導オータムキャンペーン」のときに、あらためてキャンペーンＫＰＩの設定の見直しをしました。「ＰＶ」ではなく、「ＣＶＲ（コンバージョン率）」と「見込み客を対象としたＵＵ（ユニークユーザー数）」をＫＰＩとしたのです。ちなみに今回のキャンペーンのゴールは「モデルハウス来場の予約申し込み数」です。

ＣＶＲは、第１章でも説明しましたが、わかりやすく言うと、１０００人

UUとCVRの関係

UU	予約者数（コンバージョン数）	CVR
1,000人	30人	3%
1,000人	90人	9%

のユーザーがWebサイトに来て、30人モデルハウスに申し込んだら3%、90人なら9%となる、この「パーセンテージのパラメータ（変数）」のことです。

同じ1000人のお客さまが見えても、サイトのCVRが3倍になれば、獲得効率は3倍、同じUUでも予約者数が3倍に増えます。

それでは次のステップとして、CVRを上げるためには、何をすべきか？CVRを上げるための具体的な施策を実行するのが、このケースにおける正しいアプローチです。

自社商品に興味のある見込みの高いお客さまを探して、Webサイトに誘導することになります。

さて、そんな都合のいいお客さまを、この広いWebの世界のなかで一体どうやって探すのでしょうか？その具体的なアプローチについては次章で説明します。

さて、もうおわかりだと思いますが、同じモデルハウスの予約者数を目標にしても、PVをKPIに設定する場合と、CVRをKPIに設定する場合とでは、具体的な施策が全く違ってきます。

ビジネスゴールの達成に関与の薄い施策に、自分だけではなく周囲も巻き込み、時間とお金を使ってしまう怖さは、ビジネスマンなら考えただけでゾッとすると思います。

KPIの設定は、それだけ難しく怖いということです。

コラム1　日本と米国のマーケティングの違い

日本でマーケティングという言葉がもつ概念や、実際に連想される仕事のイメージが、マーケティング発祥の米国とどうも違うらしいと序章で述べました。それは、筆者が過去にビジネススクールで学んできたマーケティングや、MBAの授業で扱われたマーケティングが、日本企業でマーケティングという名のついた部署に期待されるものと大きく違っていたからです。

筆者は、外資系企業の日本法人に籍を置く（置いていた）何人かの友人と、マーケティングについて話したことがあるのですが、そのときの話を参考にしながら、日米のマーケティングの違いとは何なのか、考えてみましょう。

米国の大手外食産業の日本法人で、執行役員をされていた年上の友人に、「御社でマーケティングといえばどんなことをする人たちか？」と尋ねたことがあります。こたえは、「日本国内の、販売戦略一切、テレビや新聞などのマス媒体の宣伝は別、ただし、新聞の折込やネットのクーポン実施計画も全部マーケティング」とのことでした。

この会社では、営業部隊から「マーケが立てた販売戦略に無理がある」、「マーケが突然、クーポンを実施するから店舗のオペレーションが回らない」などのクレームが、年に何回か起こっているそうですが、この話を聞いてマーケティングが事業活動の上流の戦略を握っている、米国の企業構造が連想されました。また、「うちでは売上に責任を持つのは『営業』、売上の不足分をカバーするのとアイテムごとの利幅を考慮し、売れ筋をコントロールするのがマーケだった」、という言葉からは、責任範囲が明確な米国企業文化を感じ取ることができます。

また、別のあるときに、米国の大手化学メーカーの日本法人でＢ２Ｂ事業部の販売部長をしていた友人と、日米のマーケティングと営業の立ち位置について話したことがありました。

彼女が「マーケは商品軸での管理と事業運営をやっていた。要するに、製品グループごとの事業部組織のもとで、マーケティングが米国の本社機能と連動して製品視点での経営管理を行い、販売（日本で言う営業）は担当市場のプロとして販売戦略の構築、実践に専念し、売上に責任を持っている」と言っていました。また、「日本の『営業』は、顧客に関わる業務がやたらと多いイメージ。『業を営む』という文字が、まさしくそれを表しているようにも見える」とも。

日本企業のマーケティングと米国企業（欧米企業）日本法人のマーケティングの違いを語ることがそのまま、日米の営業の役割領域の違いになる議論かと思います。また、この会社での役員への出世コースは、マーケティング系や技術系だそうです。対する日本は事業系、営業系が多いイメージですね。

それから、2011年1月、宣伝会議のB2Bデジタルマーケティング担当者の座談会に参加させていただきました（「宣伝会議」2011年2月1日号に掲載）。同席させていただいたMSD株式会社（米国大手製薬メーカー・メルク社の日本法人で、2010年に万有製薬とシェリング・プラウが統合して発足）の木村尚美さんのお話が印象的でした。

「米国ではB2Bのマーケターの職が確立されているので、情報も多い。B2Bマーケッターのためのサイト『BtoB Magazine（http://www.btobonline.com/）』や賞などがありますが、日本もそんな風になっていくといいですね」とおっしゃっていました。マーケティングが置かれている状況は、B2CもB2Bも日本と米国を比較すると、やはり異なっているようです。

しかし、このコラムで言いたいことは、日本企業や上層部への批判ではありません。企業ごとに最適なマーケティングの形を探求し、マーケティングが事業活動のバリューチェーンの中で正しく機能するよう組織や体制の中に組み込み、事業活動の成長に役立ててもらいたいという提案です。

第3章 お客様の顔に書いてあるんです

あなたのこと
信じているわ

うーん
うーん
・2×4
・自由
トン
トン
トン
う〜〜〜
ムキッ
!!

あー
どうしてこうも家作りのキーワードって多いのよ
全部に対応してたらキリがない
LPOのポイントはキーワードの選択ですからね
あとこんな検索ワードもありますよ
――――!!
バカッ
選択肢増やしてどうするのよ
えっ
えっ
コン
コン
板井さん

LPO進んでる？
えっ
ちょ ちょっと あの板井さんが LPOだって
わかってるのかしら 聞いてみて
LPO
NPOじゃないわよ フフフ…
えー なんで僕が
男同士でしょっ
あ…あの…
おそるおそる
LPO… わかっています…？
もちろんよ
キラン
LPO
すなわち、ランディングページオプティマイゼーション（最適化）の略
検索エンジンやネット広告からやってくる訪問者のCVRがより高くなるように
ランディングページを調整・改善することでしょ

お
お
お
!?
何泣いてるのよ
私だって勉強してるのよ
で、どこまで進んでるの!?
ランディングページに対応させるキーワードを考えているんです
キーワード?
何のために?
やっぱり理解してない
多分定義を覚えただけなんだろうな…
LPOの意味はおっしゃった通りなんですが
意識の共有ということで

まずは、現在の一洋ホームのひとつの例を使って説明します
お客様が一洋ホームのことを詳しく知りたいなー、と思って検索エンジンに「一洋ホーム」と入力する
検索の結果画面にある一洋ホームWebサイトの表示箇所をクリック
一洋ホームのサイトに来て一洋ホームの作る家の良さを知る
予約フォームへ
予約
当たり前でしょ何言ってるの
それがLPOを使うと当たり前じゃなくなるんです
え
初めから一洋ホームの良さを知っている人だっています
!
雑誌、CM、広告などなど
知るチャンスは他にいくらでもあります
ま…まぁね
つまり
そういった人達はモデルルームに来る気マンマン
一洋ホーム モデルルーム

今までは「興味のある人達」と「少しだけ興味のある人達」
両者の入口を一緒にしていたのが問題だったんです
一洋ホーム
Webサイト
だからこの2種類のお客様にそれぞれ専用の入り口 つまりランディングページを作る
これがLPOです
!
プッ
ホーッホッホッホッホッホ
あなたってバカね
そんなことできるわけないでしょ
お客様の顔に「購買意欲あります」なんて書いてあれば別だけど
フフフ

ちょ…ちょっと
なによその顔
かわいくないわね
実は書いてあるんです
前回もお話ししましたがサイトへの流入経路はこんな感じです
検索エンジン
・Yahoo
・Google
・MSN
ノーリファラ
・ブックマーク
・URL直接入力
一洋ホーム Webサイト
外部出稿
・住むナビ
・メルマガ
・オーバーチュア
・アドワーズ
CGM
・ミクシィ
・ブログ
・掲示板
明確な意思のあるお客様の多くは主に検索エンジンを通じてやってきます
検索エンジン
購買意欲の高いお客様用ランディングページ
興味はあるお客様用ランディングページ
ここで分別を行うんです
?
えっと…もっと簡単に言いますと

例えば行ったことのない紅茶屋に行くとしたらどう検索します？
そりゃ「店名」と「場所、恵比寿とか自由が丘とか」を打ち込むけど…
！
お
新築
そうなんです
目的が決まっている人は詳しい情報を知りたいから複数の検索ワードを打ち込むものです
つまり購買意欲があるモデルルームに来る気マンマンの人達は高い確率で
あわせて“モデルルーム”“ショールーム”と打ち込むんです
検索エンジン
・一洋ホーム
・太陽エネルギー
・ウッドベース
・２世帯住宅
・エコ
・オール電化
・免震、耐震
・戸建て住宅
・２×４
・光あふれる家　ｅｔｃ
＋ ショールーム
＋ モデルルーム

そういった人達にわざわざ商品の売り込みをする必要はなく
すぐ予約ができるようなランディングページへ来てもらいます
マンマン用ランディングページ
予約ページ
一洋ホーム
モデルルーム
ワーイ
100%
100％に近い確率で予約してくれるでしょう
ひゃ、100％
またそんなこと言って！
だってこちらの方々はすでにレジに並ばれているようなものです
ここで逃がす方が問題なんですよ
……
そりゃそうね
ただですね
今、その人達がランディングページにたどりつくキーワードを考えているんです
ソーラーパネル　モデルルーム
検索
一洋ホーム
ソーラーパネル住宅
くわしくはこちら
予約へ
例えば「ソーラーパネル」＋「モデルルーム」であればその人達用のランディングページを作るんですが
なにせキーワードが多すぎて…

ウッドベース 木のぬくもり系
2世帯住宅系
そして 耐震免震系ね
えっ
そんな 簡単に…
当たり前 じゃないの
うちのお客様の90%は 今の3種類を目的に してるからね
アンケート見たら 一目瞭然よ
な… なるほど
困ったことがあれば 私に聞いてちょうだい
ホホホホホホ
イラッ
た… 助かります
じゃあ ランディング ページは6種類 作りましょう
え
6種類? 3じゃないの
いいえ 1. ウッドベース・ 木のぬくもり系 2. 2世帯住宅系 3. 耐震免震系 ＋ モデルルームの 3種類
1. ウッドベース・ 木のぬくもり系
一洋ホーム ウッドベース
2. 2世帯住宅系
一洋ホーム 2世帯住宅
3. 耐震免震系
一洋ホーム 耐震免震

プラスもう一方の入り口
一洋ホーム
ちょっと興味のある人
こちら
検索ページでモデルルームやショールームをあわせて検索しなかった人達用の入り口です
一洋ホーム
ウッドベース
２世帯住宅
耐震
免震
木のぬくもり
…
＋ ショールーム
＋ モデルルーム
家には興味あるけどまだモデルルームに行くまでではない人達
へー こんなん あるんだ
ウッドベース
こちら側のお客様向けに用意するランディングページも3種類
御社の家作りの強み、魅力を全面的にアピールします
・ウッドベース、木のぬくもり
・２世帯住宅
・耐震、免震
Flashやマンガなどを利用するつもりです
実物を見てみたいという気持ちになるようユーザーの心の動きを考慮して予約ページに誘導する作りにします

予約は二の次 今すぐ購入と いうわけじゃ ないですが
潜在的顧客として 確保したいと 思っています
こちらのお客様が 予約する確率は 5%くらい…
数字なんて どうでもいいの
え
ここのお客様には 特にしっかりと アピールをしてね
グッ
知ってほしいのよ 木のぬくもり、やさしさ、 そして安全性
大自然の木々に つつみ込まれるように 生活が送れる

この家の素晴らしさを余すことなく伝えたい
私の誇りなのよ
もちろんです
キラ
キラ
私も木の家の香り大好きなんです
板井さん
!
三立さん
初めて意見が合ったわね
ガシッ
ええ
苦しい日々でした
ついでにお願いなんですが
へ
より確実に予約していただくために
予約の入力項目を3つにしたいと思っています
キラーン

従来は入力項目が多すぎてお客様にわずらわしさを与え逃していたこともあったでしょう
従来
・名前
・住所
・年齢
・ショールームの場所
・職種
・メールアドレス
・年収
・家族構成
・アンケート
今回
・名前
・メールアドレス
・ショールームの場所
入力項目を減らすだけでも確実にCVRが上がります
だめよだめっ
せっかく顧客情報を手に入れるチャンスなのに
それじゃあほとんど情報が得られないじゃないの！
――って言われるんだろうな…
情報なんて生かしたことないくせに
それでいいわよ
え
あなたのこと信じているわ

？
くるっ
・・・・・・・
そして8月某日
ランディングページのデザインするから皆出てって
ど どうしてですか？
何よいきなり
いいから出てって！

命運をかけた
オータムキャンペーンが
いよいよ始動した

ＧＷのリベンジは
できるので
あろうか

ユーザーはどこからやってくるのか?
──検索エンジンマーケティングの基礎知識

●お客はどこからやってくるのか?

「お客はどこからやってくるのか?」いきなり禅問答のようなタイトルですが、Ｗｅｂに限らず、マーケティングにおける永遠のテーマであり、商売の根源的なことです。

しかし、ここでの話はＷｅｂマーケティング。じつにテクニカルで、物理的な視点で（でも、難しくありません）、この「お客（ユーザー）はどこからやってくるのか?」は、簡単にこたえることができます。

Ｗｅｂサイトでは、第1章に出てきた「アクセス解析ツール」を使うことによって、リファラ（参照元ＵＲＬ）という、ユーザーがそのサイトを訪問する前に閲覧していたサイトの情報を取得することができます。これによって「ユーザーがどこからやってきたのか」がわかるわけです。

ユーザーはじつに多種多様のページからやってくるため、リファラは極めてたくさんのURLの集合体になります。そのURLのリストを分類して整理することで、リファラの数はマーケティング的に意義のあるデータになっていきます。

これだけだと、何だかわかりづらいと思いますのでマンガの1シーンを使って説明します。

それぞれのサイトの商品特性、ユーザー特性で、リファラの構成比率に違いはありますが、Webサイトのリファラは、大きくは次のように分類できます。

大きな会社やサイトであれば、分類項目に「グループ会社」「グループサイト」なども入ることでしょう。筆者が、ツタヤオン

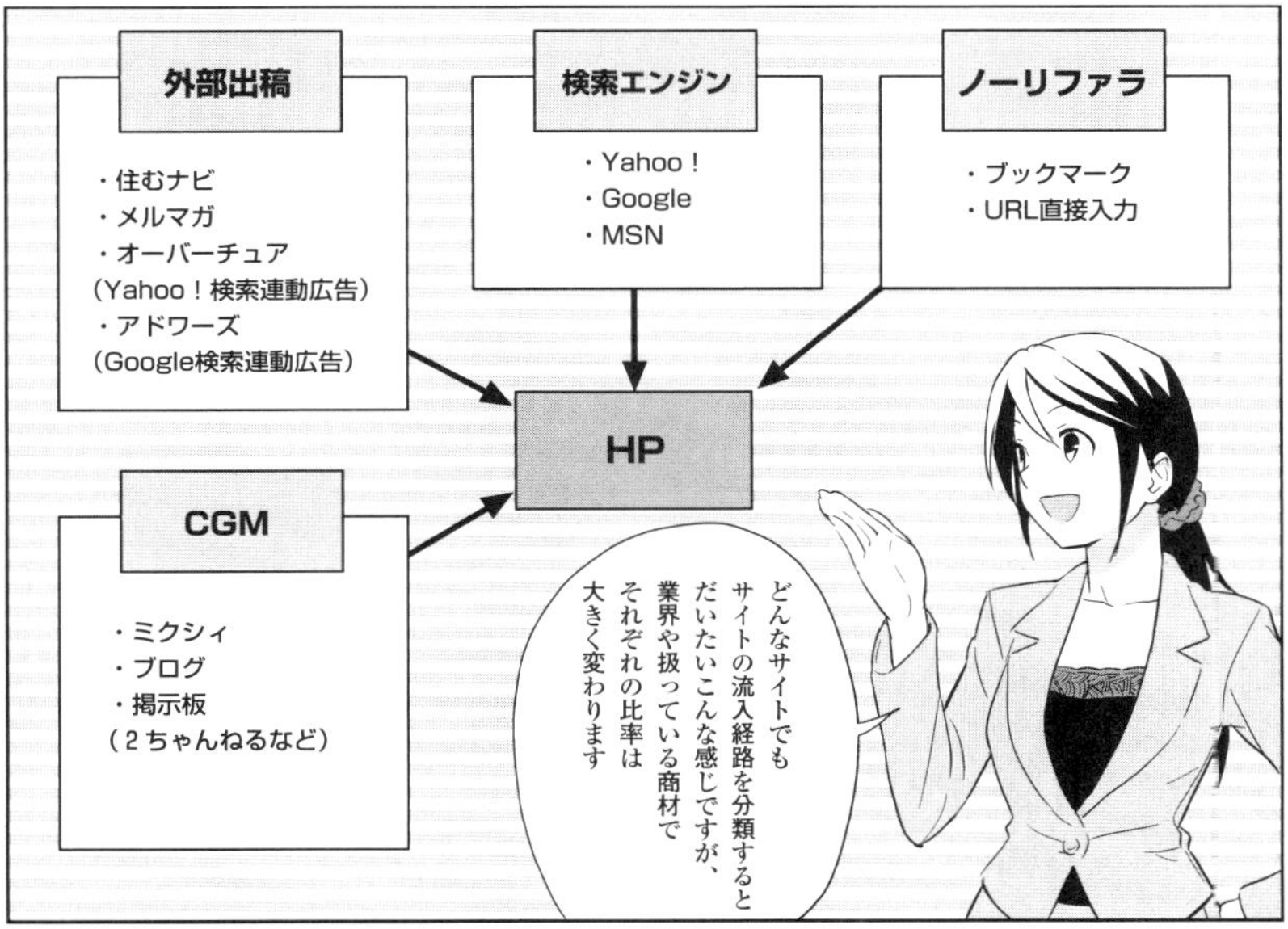

ラインでマーケティングマネージャだった頃は、特にグループサイト間のシナジー効果を上げることが大命題だったため、「グループ会社」「グループサイト」を経路とする流入数（リファラとしてのＵＲＬの数）は特に注力してパフォーマンス分析していました。

●リファラで何がわかるのか？

さて、このリファラが分かることで何がいいのでしょう？

少しだけ、考えてみてください。

リファラの特徴、それは、そのＷｅｂサイトに来た理由やきっかけが分かる（推測できる）ことです。１００％確実に分かる、というわけではありませんが、高い精度で担保できます。

ブラウザでＵＲＬを直接入力したり、ブラウザに登録した「お気に入り」をクリックしてＷｅｂサイトにやってくる場合は、リファラが無い状態で、「ノーリファラ」として分類されます。ノーリファラが多い場合は、「既存客が多い（少なくとも新規客では無いという判断）」状態だと見なされます。

また、広告やキャンペーンを仕掛けたサイトからの流入が多ければ、その広告の仕掛けの貢献が大きいと言えます。

グループ会社やグループサイト経由のユーザーが多ければ、グループ間シナジーが上手くいっている、という評価になるケースもあります（先の筆者のツタヤオンライン時代のケース）。

このようにリファラは、リアルのお店ではまったく分からなかったユーザー情報をいとも簡単に教えてくれるものなのです。

そして、このリファラ群の中で、最も強力なリファラが、ご存知、Yahoo! JAPANやGoogleなどの「検索エンジン経由」なのです。なぜ、検索エンジン経由のリファラが最強なのかは、続いて説明します。

●ところで、検索エンジン使ってますか？

現場の担当の方ではない方、ビジネスマネジメントや管理職の方でも、「検索エンジンマーケティング（ＳＥＭ：Search Engine Marketing）」という言葉は、聞いたことがあるのではないでしょうか？

「検索エンジンマーケティング」の節に入る前に、ここでいったん、検索エンジンについておさらいです。

基本的なことですが、みなさんは、検索エンジンをどんなときに使いますか？

この「検索エンジンマーケティング」という言葉を聞いて、例えば、次のように、「検索エンジンマーケティング」と、入力して検索してみた方もいらっしゃるかもしれません。

今検索したように、「知りたい」「調べたい」「探したい」「欲しい」「食べたい」などの、「何らかの欲求」が生じたときに検索をしていませんか。

消費者の消費行動の初期段階で検索エンジンが使われていることは、マーケティング（Ｗｅｂマーケティングの場合はさらに顕著）上では、もはや一般的になりつつあります。

そして、このような検索の結果画面を目にしたら、次のような、囲み内の広告をクリックする人もいます。


Yahoo! JAPANで「検索エンジンマーケティング」を検索した際の検索結果画面

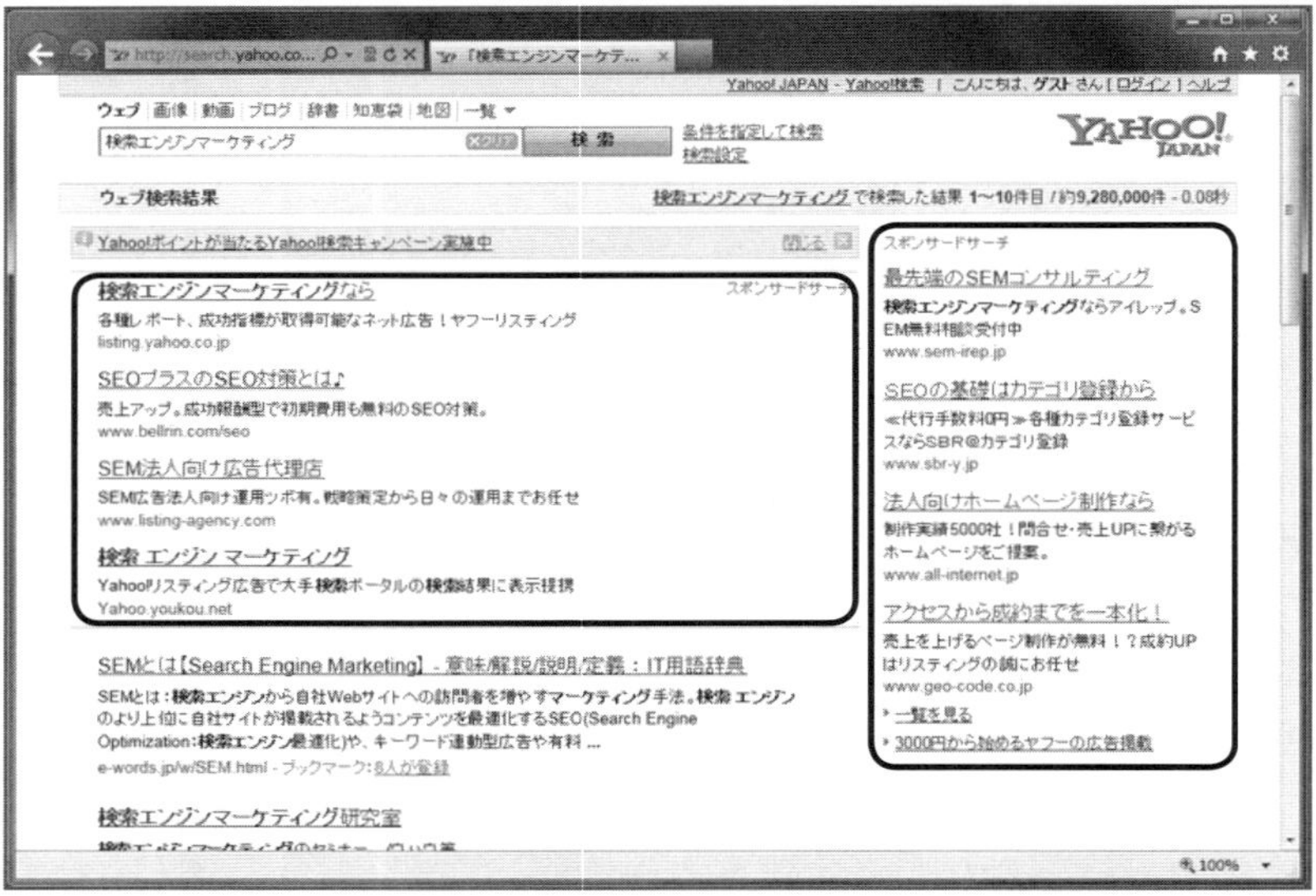

これらの広告のクリックデータも取得ができるので、検索エンジンがマーケティングに「使える」と言われるゆえんです。

少し話は戻りますが、検索エンジンで調べる際には、「知りたい、調べたい、探したい、欲しい、食べたい」といった欲求の目的となる言葉を、具体的に入力していることと思います。

じつは、そこで入力したキーワードは、結果的にログ（システム上の記録）として残っています。もうお気づきだと思いますが、検索エンジンには日々膨大な量の、その欲求の対象物・目的語が入力され続けています。これらの言葉を分析するだけで、「いま、何が求められているのか」「何が流行っているのか」の大枠が把握できます。

最近のテレビのバラエティ番組では、「流行の検索語」や「検索語の組み合わせランキング」などを扱うようになりました。テレビ番組の企画づくりもずいぶんと変化したものです。

余談ですが、ある番組では、「妻」という言葉に対して「プレゼント」という組み合わせが最も多い、と紹介されていました。奥さんに、何をプレゼントしたらいいのか分からず悩む男性の姿が見えてきますね（笑）。

少し話がそれましたが、検索エンジンは、ユーザーとして使う場合ももちろん便利なのですが、企業として、事業体として、このまさしく宝の山のような検索エンジン周辺のデータをマーケティングに活用しない手はありません。

●検索エンジンマーケティングとは？

やっと本題です。検索エンジンマーケティングとは何でしょうか？

本書では、細かい手法やテクニカルな話よりも、「考え方」や「何ができるのか」、「位置づけ」などの理解を意識して進めていきます。

企業のマーケティング戦略と、検索エンジンマーケティングの関係が常に基本的にベースにあることを意識いただければと思います。ここでは、その企業のマーケティング戦略と、検索エンジンマーケティングの関係を考慮したベーシックな話を展開していきます。

さて、「IT用語辞典」(http://e-words.jp/w/SEM.html) で検索エンジンマーケティング、を調べてみると、「検索エンジンから自社Webサイトへの訪問者を増やすマーケティング手法」という記載がありますが、私はもう少し広義に捉えています。

「検索エンジンによって得られるユーザー情報やマーケット情報の活用、検索エンジンならではの仕組みを活用することで、自社サイトに効率よく見込み客を誘導するための考え方とその方法」です。細かいかもしれませんが、「データ」「情報」をいかに活用するかで、施策の精度は変わってきます。

代表的な検索エンジンマーケティングの考え方は、3つあります。次から1つずつ詳しく見ていくことにしましょう。

●とにかく一番上位に！——SEO

まず、1つ目ですが、「検索エンジンの検索結果画面の1ページ目の上位に表示されるようにする」です。ページそのものの閲覧のされ方と、結果表示順のクリック率のデータを参考までに引用しておきます。

Webサイトでは、ほぼ古典化したセオリーがあります（2006年の発表なので本当の意味での古典というよりも、普遍の真理として定着した、という意味あいです）。「F字理論」といいます。

ご覧頂いている画面のキャプチャーは、Webサイトのユーザーの視点をビジュアル（ヒートマップ手法）で表現したものです。アルファベットのFの字のように、ユーザーの視線が画面を辿っているのがおわかりかと思います。「より左上」の方に人の視線が集中しているのがおわかりかと思います。

軌跡は"F"を描く

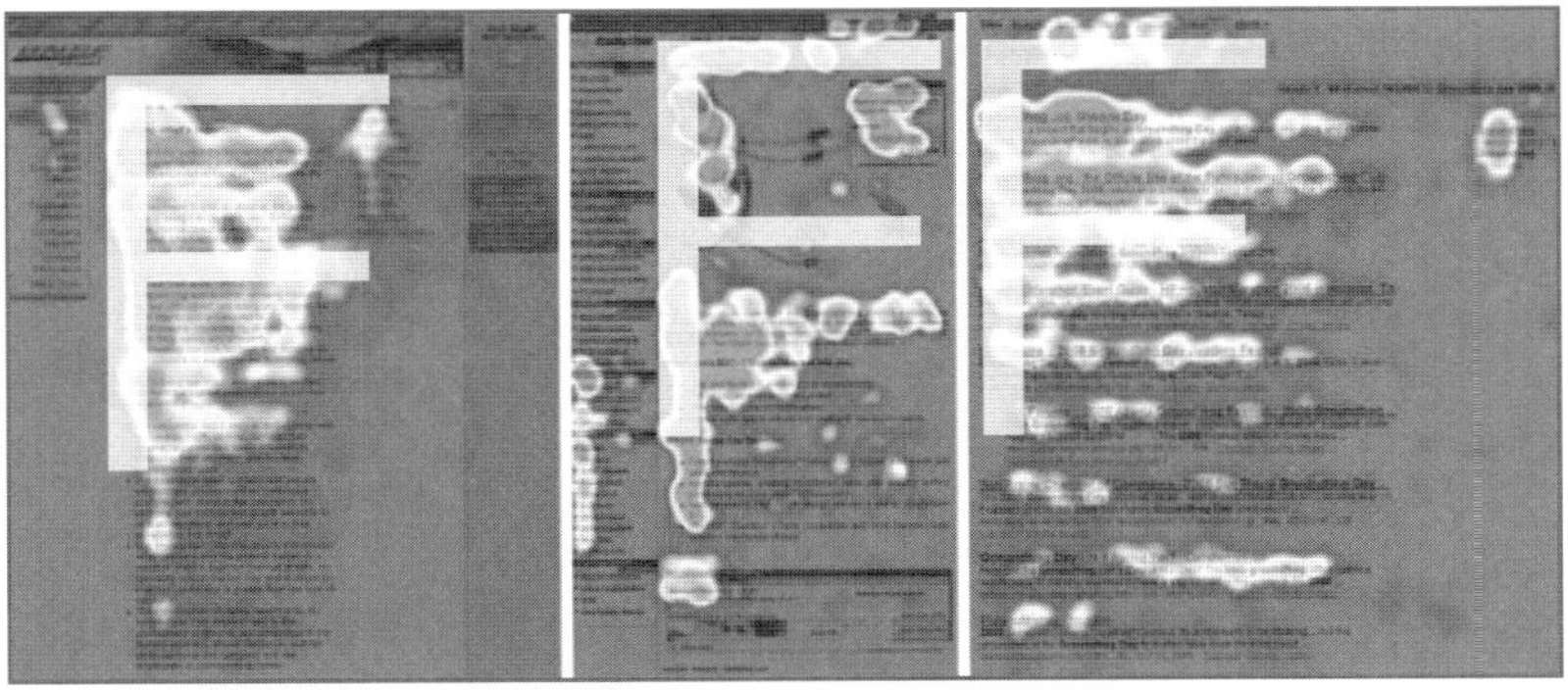

出典：ニールセン博士のAlertbox（2006年4月17日）
http://www.usability.gr.jp/alertbox/20060417_reading_pattern.html

クリック率ですが、こちらも2006年にAOL（米国の大手インターネットサービス会社）が調査した、自然検索結果の順位ごとのデータです。ほとんどのユーザーが「1ページ目の上位」に表示された記事をクリックします。1ページ目でも6位以下だとクリックしてもらう確率はぐっと低くなります（基本的に、検索結果ページには1ページに10件表示されます）。1位と2位の差は歴然です。

ただ、検索結果画面には、関連するニュースや画像、動画などを表示するブレンド検索、後述する検索連動型広告も配置されているため、必ずしもデータの通りではないので1つの目安としてご覧ください。

いくつか実際のデータを見ていただきましたが、このように、検索の結果画面の上位に表示されるほど、クリックされる確率が上がるので、Webマーケティングやサイトの担当者は、自社

自然検索結果のクリック率

順位	クリック率(CTR)
1位	22.97%
2位	6.48%
3位	4.63%
4位	3.30%
5位	2.68%
6位	2.21%
7位	1.86%
8位	1.64%
9位	1.55%
10位	1.63%

出典:AOLによる2006年度の調査結果
集計期間 2006年3月から5月、対象検索数9,038,794、クリック数 4,926,623、なおAOLの自然検索エンジンはGoogleを採用

の主力商品や商材、自社に関する言葉が検索されたときに、結果画面の上位に表示されるようにあの手この手を使っているのです。

どういうやり方で結果画面の上位に表示させているかは、テクニカルな要素も多く専門性が高いため、ここでは割愛します。

この、検索エンジンの検索結果画面１ページ目の上位に表示されるための、考え方や取り組みを、Ｗｅｂマーケティング用

検索結果画面の一例

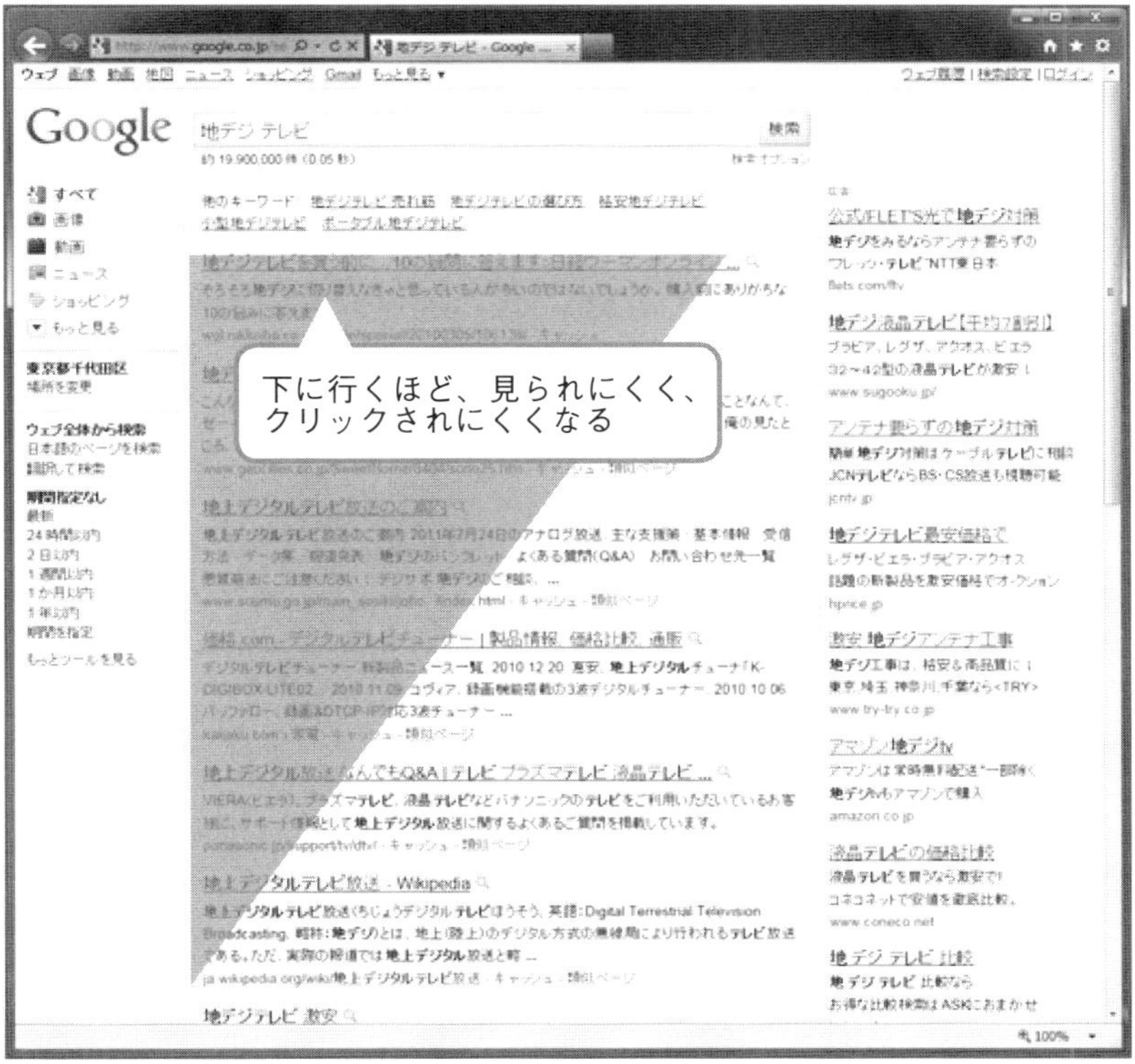
Google
地デジ テレビ
下に行くほど、見られにくく、
クリックされにくくなる

語では、SEO（Search Engine Optimization）と言います。日本語に訳すと「検索エンジン最適化」ですが、SEOという表現が圧倒的に多く使われます。SEOセミナーやSEO本も数多くあります。何となく目にしたり耳にされたりしている方も多いのではないでしょうか。

●人気のある言葉にアヤかって得をする!? ――検索連動型広告

人気のある言葉にアヤかって得をする。これもまた代表的な検索エンジンマーケティングのひとつです。

正確には、「得をする」というよりも、「有利な場所に広告を出す権利を得る」の方が実態に近いです。

みなさんも、検索をすると一見検索結果のように見える「広告」に気づいたことが、何度となくあると思います。

試しに、「地デジ　テレビ」という言葉をGoogleで検索してみました。2011年7月には全面地デジ化を控えているため、時期的に「旬」なキーワードといえます。

結果は、ご覧の画面のとおりです。検索結果本文の上に3件、右側にずらりと並ぶ広告があります。すべて、「地デジ　テレビ」になんらかの関連のある広告ばかりです。

広告を出す側にとって、この仕組み自体は非常に単純です、ユーザーが「地デジテレビ」という言葉を検索エンジンに入力したときだけ、それに関連する広告を表示したいと申し込みをするだけです。

広告出稿代金は、あらかじめ決めておいたクリック単価に、ユーザーがクリックした回数を掛けた分だけ支払います。人気が出過ぎて、どんどんクリックされたらどうしよう?という心配があるかもしれませんが、クリック回数の上限設定も可能なので、予想外の人気で予定以上の費用がかかってしまうということもない、非常に合理的な仕組みだと言えます。ちなみに、Yahoo! JAPANでもほぼ同様の広告が表示されています。

Googleで「地デジ　テレビ」を検索した際の検索結果画面

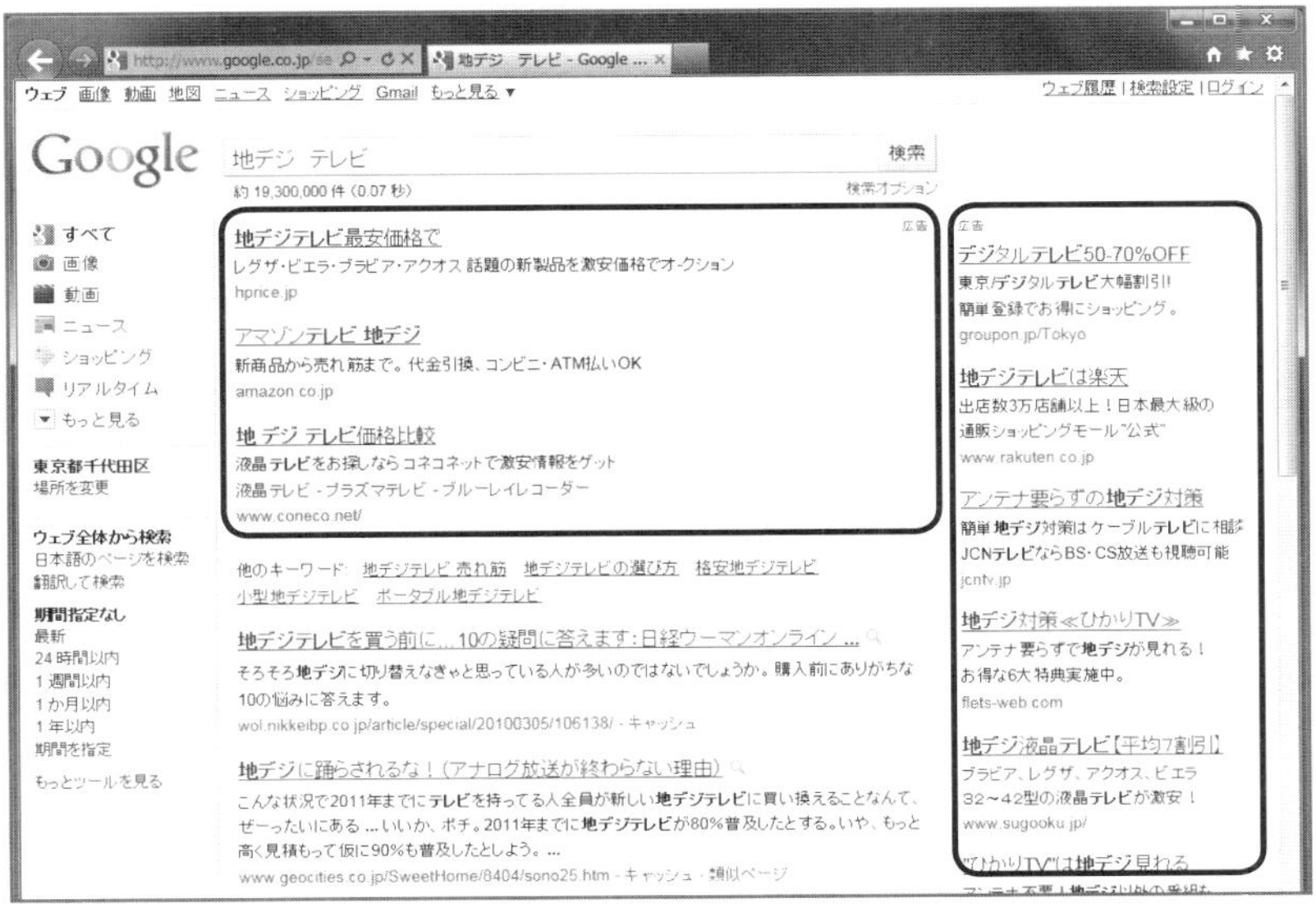

この「人気のある言葉にアヤかって得をする」広告は、「検索連動型広告」と呼ばれています。Googleに掲載される広告は「Googleアドワーズ広告」、Yahoo! JAPANの場合は「Yahoo!リスティング広告」と呼ばれ、業界内ではいずれも非常にポピュラーです。

人気のある（＝ニーズの高い）言葉であればあるほど、検索される回数も検索するユーザーの数も多いので、それだけ多くの人の目に触れるチャンスがあり、クリック単価は高くなります。従来のメディア広告と比べて、費用対効果が明確な検索連動型広告は、２００９年の広告費用の中で、最も成長率の高かった広告となりました（電通「２００９年日本の広告費」より）。代表的な検索エンジンマーケティングのひとつだと言われる理由はここにあります。

●見込み客を見分けられますか？——ＬＰＯ

一般的なお店の場合、来店したお客さまが、「何に興味があるのか？」「その興味のレベルがどの程度なのか？」は、顔を見ただけでは分かりません。当たり前ですよね。

しかし、Ｗｅｂマーケティングの世界では分かります。

そして、その効果を最も発揮するケースが、お客さまが検索エンジンを経由してサイトに訪れた場合です。先に、検索エンジンはお客さまの欲求（ニーズ）の宝庫だとお伝えしましたが、それと密接につながっています。

マンガでは、「検索する際に、『一洋ホーム』と1語で入力されている場合と『一洋ホーム　モデルハウス』と入力されている場合では、お客さまの興味のレベルが違う」と瞳が言っているシーンがあります。それが、まさしく見込み客を見分けることそのものなのです。

「一洋ホーム」ってどんな会社だろう、と漠然と思ったら、通常は、「一洋ホーム」の1語を検索エンジンに入力するでしょう。

しかし、一洋ホームのことはある程度知っていて、家を建てる参考として一洋ホームのモデルハウスを実際に見てみたいと思っていたら、今度は「一洋ホーム　モデルハウス」と入力する確率が高いといえます。検索エンジンを使い慣れている人なら、ここにさらに地名を加えて「一洋ホーム　モデルハウス　千葉県」などと入力することでしょう。

このように検索エンジンを経由してサイトに訪れたユーザーの入力したキーワードは、前出のアクセス解析ツールを使うことで取得ができます。

ツールによって若干の違いはありますが、以下のような項目は共通して取得可能です。

・検索に使った検索エンジン（Yahoo! JAPAN、Google、gooいずれの経由かなど）
・検索する際に入力したキーワード（これがマーケッターにとって「宝の山」）

「入力したキーワード」について少し補足すると、例えば、データとして「一洋ホーム　苦情」「一洋ホーム　トラブル」などのキーワード入力が数多くあったとしたら、それを入力したユーザーは、一洋ホームで家を建ててトラブルがあった事例は無いだろうかと慎重に調べているということが推測されます。時事問題として、住宅建築が問題になっているときなら世の中全体の趨勢だなと推測できますが、そうではない場合に、ある特定の時期から「自社名」と「苦情」のキーワードが増えているようなら、何らかの問題が自社に起こっているという仮説を持ち、先回りして事業側に対して現象を伝えることもできます。

また、これらのユーザーが入力したキーワードはリアルタイムに取得が可能なので、入力するであろうキーワードをあらかじめ予測して、入力されたキーワード別にＷｅｂページを用意する手法が、ここ何年かで販促やキャンペーンのサイトで多用されるようになりました（システム面での事前設定は必要です）。これが、ＬＰＯ（Landing Page Optimization）と言われる手法です。この言葉も、なんとなく耳にされたことはあるかと思います。Ｗｅｂサイトを訪れるお客さまを見分けて、それぞれのお客さま専用のドアをお客さまには気づかれずに用意してお出迎えする手法で、今ではずいぶんと一般的になりました。当初は、システム側で都度設定していましたが、最近ではＬＰＯソリューションパッケージとして導入しているケースが増えています。

これもまた、検索エンジンの特性を生かした代表的なマーケティング手法です。

第4章
何でわかってもらえないんだろう？

ちょっと待ちなさいよ

空が青いっ!!
新緑が目にやさしい
やっとヘビ男《板井》のプレッシャーから逃れられた
ちょっとどういうこと
ニョロ
ニョロ
認めないわよ
久しぶりの自由って
サイコー!!
大げさだな
む

涼しいオフィスで
PCさわって
HP作るだけだろ
ラクチンじゃんか
瞳の彼氏
真田　誠
むむ
営業ってのは
体動かして
ナンボ
どれだけ
走り回って
汗流したかが
最後の決め手に
なるんだ
口先だけで適当な
仕事してたら
そのうち痛い目に
あうぞ
気をつけろ
どうして
ネットの仕事って
仕事内容誤解
されやすいんだろ…
はいはい
超大変
なのよ
みろ、この日焼け！
まぁこの人は自分と
同じスタイルしか
認めないんだろうな…
プルルルル
げっ
板井さん！
も、もしもし
三立ですが

素敵な休日お過ごし？
は？
お、おかげさまで有給使わせてもらってますが…
何かありました？
?
そう、それは結構ね
せっかくの休みに悪いんだけど解析ツールの使い方教えてくれないか
しょ…将解君は…
セミナーに行っちゃったのよ
わ、わかりましたじゃあちゃちゃっと

ですから
クリック
するのはそこ
じゃなくて…
!

オレ帰るわ
ええ
も…
もう少しで
終わるから
いいよ
仕事だろ
手を抜くなよ
俺の事は
気にしなくて
いいから
じゃあな
ちょ
ちょっと…
本当に
帰っちゃうの？
一週間後
カチ
おおおおおおお

すごい
オータムキャンペーン
予約者数がもう280組
だって
300
250
(今回)
(前回)
1week
2week
3week
まだ一週間しか
経ってないのに
LPOも
うまく機能して
いますね
"ショールーム"
込みで
検索した人たちは
80%の予約率
私の思った通りね
このまま無事に進めば
大成功間違いなし
ホント
っすね
さすが
板井さん
いいんですか
自分の手柄に
してますよ
別にいいわよ
クライアント
板井さんだし
とにかく順調で
よかったわ
あと
任せたわよ
三立さん
どこいくの
前みたいにトラブルが
おきたらどうする気？
いてくれないと
困るわ
え
ちょっと
待ちなさいよ

ちょ、ちょっと待ってくださいよ
他のクライアントさんだっているんです
ずっとはいられませんよ
うちよりそっちが大事なわけ?
将解君
将解君がいますので大丈夫です
ザッ
彼に解決できない場合のみ呼んで下さい
さようなら三立さんっ!!
ピューッ
パシャ
パシャ
パシャ
パシャ
パシャ
私だって色々忙しいのよ
一洋ホームだけやってるわけじゃないっつーの
三立さんこんな感じでどうですか
ぁぁ、もう少し明るくしてくれないかな
画面で見たときに映えるから
プルルルル

プルルルル
ルル
また
板井さん
板井
うるさいぞ
仕事中だ
すみません
ピピッ
プープープー
何なのよ
あの女
キー
キー
ちょっと
将解は？
外に出て
います
チラ
受信メール(185)
送信メール(0)
ごみ箱
何なのよ
このメールの
多さは…
ル(188)
ピピッ

クライアントとコンサルタントのすれ違い

●クライアントが思うコンサルタントの不思議

マンガの第4話では、一見すると一洋ホームの仕事1本しか担当していないように見える主人公・瞳の、他のクライアントの仕事もこなす1コマがあります。

この第4章では、コンサルティングという仕事とコンサルタントという職業、クライアント側の人たちとの関係について触れたいと思います。

筆者が、Webマーケティングのコンサルタントをしている頃（1996年～2007年）は、通常、2本から3本の案件を同時に回すことは一般的でした。同時に、新規の営業提案も進めていました。いま思えば、相当ハードだったと思います。

コンサルティング会社によって違いはあるようですが、コンサルティング案件はクライアントありきの商売なので、私の知っているコンサルタントの方々はいまでも、一様にハードな日々を送っているようです。

一方で、コンサルティング企業にとって相当に大きなアカウント（年間予算のこと）を預けてくれるクライアントの場合は（例えば、コンサルティング会社の年間売上の10％程度をその1社が占めるぐらい）、専任のチームを組んでそのクライアントの仕事だけを担当することもあります。また、大手の広告代理店などでは、ある1社の大手のお客様だけを担当する部署制を置く場合も、多く見られることを補足しておきます。

ただし筆者の場合は、一貫して前者のパターンでした。同じ業界の競合が重複しないように分けられた、複数の大手企業を同時に担当してプロジェクトを回していました。ずっと同じことをするよりも、つねに変化と進化を求めていきたい性質《たち》だったので、みずから望んで複数案件を同時にこなす側に進んできていました。

複数のクライアント企業の仕事を同時にこなすと聞いて、コンサルティング会社や広告代理店など、クライアント企業にサービスを提供する側の会社にいる方は比較的イメージしやすいと思いますが、メーカーや事業会社で新卒入社でかつ、その勤務期間が長い方からすると、ピンとこないかもしれません。

コンサルタント時代、あるメーカーに新卒からずっと勤務されているお客さまから、「いろいろな会社の仕事をするってどんな感じですか？」と、非常に素朴に聞かれたことがあります。

そのときは、当時、筆者がいたネットイヤーグループのやり方、パーセンテージでそれぞれのプロジェクトへのコミットメントの程度を決めていることをお伝えしました。

例えば、某通信会社の案件には50%、教育事業会社には30%、食品会社には20%、といった考え方です（合計して100%になるように調整します）。そのお客さまの反応は、まるで知らない世界の話でも聞いているようでした。

ちなみにこれは、コンサルティングファームなどのリソース配分の考え方に近いと思います。これは、今となってはほとんど笑い話なのですが、私が他のクライアントの仕事や別件で忙しそうな気配を感じると、マンガのように「ずっといてくれないと困る」「うちの仕事を片手間でやらないでちょうだい！（断じて、片手間にやってはおりません）」「電話したらすぐ出て！」と、とたんに機嫌が悪くなるクライアント企業の担当者の方もいらっしゃいました。

ある意味、私の仕事ぶりを買っていただいていたわけなので、今となってはありがたいお客様だったのだと思います。渦中にある当時は、とても大変でしたが（笑）。

●コンサルタントは何をしてくれるのか？――見えない溝

「コンサル嫌い」。非常によく耳にする言葉です。

でも、あえて反発を恐れずに言いますが、コンサルタントを毛嫌いしている方というのは、コンサルタントをちゃんと使えていなかったのではないでしょうか？

自分がかつてWebマーケティングの戦略コンサルタント（受注側）であり、そして、現在事業会社のWebマーケティング担当（発注側）と、対極にある両方の立場を経験したことによってわかったことが数多くあります。

○知見や分析ノウハウ、戦略・企画立案力、ファシリテーション能力に対するコスト意識の低さ

海外の企業と比較すると、従来の日本企業文化は、目に見えないものはタダだという意識が強いようです。

コンサルタントが持つ、新しい知識や考え、場を取りまとめ調整する力（ファシリテーション能力）も訓練されたスキルでありテクニックです。そのスキルに対して対価を払う感覚はやはり必要だと思います。

「コンサルは高い」と、一時的に予算をケチってしまうことで、コンサルタントとの良好な信頼関係が築けなくなり、コンサルタントのパフォーマンスを中途半端にしか引き出すことが出来なくなるケースも実際にあります。

また、社員の採用という長期的に固定費のかかる方法ではなく、一時的な経費としてコンサル

ティングを依頼する方法は、社内に無いリソースを必要な時期だけ効率よく獲得する適切なコスト計上であり、今後はより必要性が増してくると思われます。

○フィービジネスに対する理解のなさ

本来のコンサルティングは、人月《にんげつ》単価、人日《にんにち》単価の発想で、拘束時間に対してフィー（報酬）が発生します。フィーによって成り立つビジネスをフィービジネスと言いますが、前述のとおり、日本ではフィービジネスが認められにくく、先でも触れましたが、なにかというと「目に見える形」としての成果物が求められる傾向があるようです。

家庭教師のコンサルティングのビジネスモデル（時給いくらのビジネスモデル）や、学校に授業料を払って教育を受けることとビジネスの仕組みや考え方に大差はないはずなのですが、ことビジネスとなると、フィーに対する対価の概念がどこかに行ってしまっています。

「研修」「セミナー」という言葉を使うと予算が出てくることも、日本企業の縦割り組織による予算配分の考えの現われでしょう。多くの企業では、研修費という名目の場合は、人事部の予算に該当します。しかし、コンサルタントが入るプロジェクト予算は事業部に付くことが多いため、そもそも事業部側で「コンサルティング」という費目で予算そのものが通りにくいことが多いようです。

「コンサルに金を払うなんてもったいない。それぐらい自分たちでやれ」と、上層部から言われた現場の方たちを、じつに多く見てきました。

もちろん、横断的な組織の動きがうまく機能している企業がないわけではありません。経営企画や戦略統括部などの横串を通す部署が、事業推進のためのコンサルティングフィーを負担するケースも見受けられますが、まだ少ない印象です。

○かならず課題を解決してくれる（病気を治してくれる）という思い込み

欧米ではよく使われる例えですが、コンサルティングは病気の患者を治す医療サービスと同義です。ちなみに、クライアントという言葉は、ドイツで患者や相談者を意味する「クランケ」となります。

検査（現状分析）をして、その病気（課題）が何であるかを突き止め、治せるかどうかを判断し、もし治せるとしたら、どんな治療法（解決策）がありそうか、治療法が複数あればどの方法がベストなのかを、予算、期間、当事者への負担を考慮し、検討する医療のプロセスは、コンサルティングのプロセスとなんら違いはありません。

そのため、医療の現場で診察に関する患者のあらゆる情報の提供が求められるのと同様に、コンサルティングにおいても、クライアント側は案件関連の必要なデータや情報共有を当然求められます。クライアント企業にとって、企業秘密に近い情報をコンサル会社に提供することに、抵抗があることはやむを得ないと思いますが、それは必要なことなのです。まさに患者が医師に対して、過去の病歴や現状、生活習慣を明かして治療を依頼することと、ほぼ同じことです。

本当に課題解決を望む場合は、コンサルタントから要求された情報は全て提供できる信頼関係を築くことが必要不可欠だといえます。コンサルタントは事業側にいるため提案をいただく機会が多いですが、可能な範囲で求められたデータは提供するようにしています。そうしないと、結果的に本当に価値のある提案はしてもらえないからです。

もちろん、重要情報をお渡しするので、ＮＤＡ（秘密保持契約書）の締結は大前提です。

聞けばコンサル嫌いになってしまった理由のほとんどが、「コンサルは口ばっかりで、結局何もしてくれなかった」、「プロジェクトが終わったが、費用が高い割に結果が出なかった」と、感じていることが少なく無いようです。

それぞれに、細かい要因はあるかもしれません。でも、先で述べたいくつかの留意点を意識し、コンサルタントを正しく使いこなしていただければと思います。

最も重要なのは、「何に対してお金を払うのか」「何をすることでお金を頂くのか」を、双方が等しく認識共有することです。一般的にコンサルティング案件は、契約書によって成立し、アウトプット（成果物）、対価の明記があります。対価のベースには、人・プロジェクトの進行管理、報告書やレポートなどのアウトプットの種類と量、成果報酬型など様々あり、案件や企業によって異なります。プロジェクトの始まる前は当然ですが、期中も常にその確認をし続ける双方の姿勢があってこそ、課題解決が実現されるといえます。

●『Webマーケッター瞳』のクライアントは実在するのか？

瞳のクライアントである一洋ホームの板井が、あまりに強烈なキャラクターのためか、「板井のモデルは実在するんでしょうか？」と多くの人から質問されました。

コンサルタントがクライアントの情報いっさいを外部へ出すことは、半永久的に禁じられています。瞳の場合は、筆者の経験や、知っている事実をいくつものピースに分解して再構成する過程で、原作担当の星井博文さんに若干のフィクションを加えておもしろいお話にしていただく、といった工程で作成されました。リスクを極力減らす努力をして、瞳のクライアント企業とその担当者である板井が出来上がりました。

実際、私の過去のクライアント企業に、大手のハウジングメーカーがありました。その当時も、キャンペーンの最終ゴールはモデルハウスへの誘導でした。

顧客リストの生成についても、当時としてはめずらしく極力入力項目数を減らし、入力途中の離脱者を減らすための工夫を実際に行っていました。

また、ハウジングメーカーではありませんが、某大手企業のマーケティング部門の2番目に偉い方が、板井に非常に近いキャラクターでした（その方を思い出しながら、板井キャラが出来上がりました）。

「板井に非常に近いキャラ」ということからご想像いただけると思いますが、当時の私も瞳同様、そのプロジェクトのあいだ中、彼のキャラクターの強さに翻弄され、疲れ切っておりました。ことあるごとに呼び出され、詰問され、叱責されていたのです。会社の電話、筆者個人の携帯電話問わず、1時間に10回以上電話をかけてきたお客さんはその方が最初で最後です。

しかし、プロジェクトが終わった後に、彼から直接心のこもった言葉をいただき、高い評価を受けました。あれほど常に本音で、ウラオモテが無い体当たりのお客さまと仕事ができたことは私にとっては貴重な財産であり、忘れられないクライアントの1人となりました。

クライアントもコンサルタントもお互い人間なので、一様な切り口で語ることはできないと思いますが、コンサルタントとクライアントの関係を表すひとつの事実として認識いただけたらと思います。

コラム２　キックオフミーティングの鉄則

どのような企業でも、プロジェクトや案件を始める前に、関係各位を全員集めてキックオフミーティング（以下、キックオフ）を開催していると思います。

筆者は現在、社内プロジェクトのキックオフに参加することが圧倒的に多いですが、前職のコンサルタント時代は、１００％クライアント企業が相手だったこともあり、数多くの社内外のキックオフに出席する機会がありました（そのキックオフに、協力会社さんが入ることも多々あります）。キックオフは、社内だけのプロジェクトでももちろん重要ですが、外部の企業と一緒にプロジェクトを実施する場合は、支払いや請求など「お金」にも絡んでくるためさらに重要度は高まります。

キックオフには、鉄則があります。

それは「ゴールの共有」です。このプロジェクトを通して、「何を実現させたいのか」「何を作りたいのか」「何を達成すればいいのか」「成果物は何か」などを具体的かつ定量的に共有し合います。特に定量的な認識共有が鍵です（例：回数、ページ数、金額、人数等）。これが不完全だと、プロジェクトの後半ぐらいから必ず揉めます。下手すると、プロジェクトを終了させることができなくなります。見込んでいた売上が計上できなくなるため、受注側企業にとっては、まさしく命取りです。

ゴールイメージの共有　＝　どういう状態か、成果物は何か
　├　目標となる数字、KPIの確認
　├　ゴール達成のために実施する施策やタスク
　├　ゴール達成のための体制と役割
　└　ゴール達成に導くプロジェクト全体のスケジュール

そして、ゴールの共有の次に大事なのが、「ゴールを因数分解した各項目のＫＰＩの確認」です。ツリー構造で説明すると、次のようになります。

それぞれ詳細は異なりますが、ほとんどのキックオフのアジェンダ構成も、図のようになります。そして、その議事録は双方の確認後、少なくとも検収が終わるまでは証拠文書として保存されます。システム開発を含む案件の場合は、さらに長く、検収後1年間の保存が必要となります。

また、キックオフ実施以前にプロジェクト実施の契約内容を詰めて、契約書の締結を完了させておくことが大前提です。現実的には、案外この通りにならず、プロジェクトと同時進行で契約書締結が動くことも多々あるようですが、日本企業の「なあなあ感」がまだまだ残っていることを感じます。

しかし、何らかのトラブルを考慮すると、やはり、契約等の手続きが完全に終わってからキックオフ（作業への着手）を実施することが、最終的には両者の信頼関係を大切にすることに繋がると思います。

第5章
トラブル発生？マジで嫌な予感

このままでは
大パニックになって
しまいます

ガチャン
あの女…
いつになったら出るのよ
その頃瞳は
株式会社 パフューム
ネットデイズさんの戦略的なご提案やコンサルティング力には大変魅力を感じます
ただ提示していただいたお見積もりは予定の予算より少し高いんですよ
たかがとは言いませんが、HPにこの額は少し高額ではありませんか
そんなことはありません
ご存知の通りインターネットチャネルはここ10年で最も成長しているチャネルです
PPC
バナー
以前は4マス現在は5マスと言われています
5マス?

データ出所：電通「日本の広告費」

しかしインターネットマーケティングの場合はデータの収集やアクセス解析
どのキャンペーン・広告の効果が高いかあらゆる角度から分析できます
ＰＶ数　訪問者数
一人当たり平均ＰＶ数
コンバージョン率
ＣＰＣ
ＣＰＡ
おぉ確かにな
我が社の強みはネット戦略のコンサルティング力です
競合が強みとしているデザイン、アートな写真で訴求するやり方とは違いますが
御社の中長期経営計画に根ざしたネット戦略とそれに合わせたサイト構築には自信があります
是非ご検討を
パフューム
ふぅプレゼンって本当にキンチョーするわ
でも誉められちゃった
よかったぞ先方に刺さったろ
着信あり
憧れの"松方弘子"に近づけたかな
待ち受け
よーし頑張るぞ
仕事仕事
ピッ
!
げっ
着信履歴
14:15 板井
14:28 板井
14:41 板井
14:58 板井
15:05 板井
15:31 板井
板井さんから35件も

いや、今の私なら板井さんの愚痴も聞き流せるはず
あれ
誠ちゃんから留守電だ めずらし
ピー
もしもし… オレ
今仕事中だったか…
実は会社から辞令を受けたんだ
転勤だって
え
大阪の本社だから栄転だ
喜べ
ところで
俺らも付き合って3年だ
えっ

そろそろキチンと話をしたいんだ
今夜いつものレストランで7時に待ってるから
午後4時20分です
ドサッ
まさかプロポーズされちゃう感じ…？
ヴッ
キャー—！
まだ心の準備できてないっ！

フフンフフン♪
フフン♪
マジで
マジでどうしよう…
まさか仕事やめろなんて…
絶対言うにきまってるじゃん
せっかく仕事も慣れて楽しくなってきたのに…
こんなとき松方ならどうするの〜
キィー
どうしてあの子電話折り返さないのよ
くそっもう一度
ガチャ
ただいま戻りました
どこいってたの将解っ!!
ガ
し…仕事ですよ

な、何か
あったんですか？
お客様から
やたらメールが
くるのよ
受信メール（243）
送信メール（0）
それって
予約されたお客様に
むけてのフォローメールの
返事じゃないですか？
予約日
一週間前に
忘れないため、
お客様に
フォローメールを
自動送信するん
ですよ
オータムキャンペーン
予約
予約直後
お客様へ
サンキューメール
一週間前
お客様へ
フォローメール
当日
フォローメールに
対して丁寧に
返信して…
そうじゃないわ
え
もっと嫌な
予感がするの
私
読みたくない
とにかく
中身を見て
みましょう
私は嫌よっ
僕が
見ますから
カチッ
受信メール

どうなの
何て書いてた?
た…
大変だ…
え
このままでは大パニックになってしまいます

Webマーケッターの幸福と憂鬱

●大企業でもまだまだ

大手企業と言えば、組織や体制もしっかりしていて、その中で、Ｗｅｂマーケティングがうまく組み込まれ、機能していると思われるかもしれません。しかし、実際は案外そうでもなく、むしろ機能不全（決して大げさではなく）に近い状態に陥っている企業も数多く見受けられます。

Ｗｅｂマーケティングをめぐる現状は、大きくは以下の２つに分かれているようです。

①上位マネジメント層の理解も得られ、ガバナンスの効いたＷｅｂサイト運営、部署やチーム、サイトごとのミッションに合わせたＫＰＩが策定されている。Ｗｅｂマーケティング業務が業務フローに落とし込みされていて、運用が回り、評価にも反映されている会社。

②上位マネジメント層の理解がほとんどないか、あるいは中途半端な意識と認識のため、ＷｅｂマーケティングについてはＷｅｂマーケの担当者のやる気、能力やスキルに完全に依存している。その担当者が１人、または極めて少人数で奮闘している会社。

次の節では、この①と②に該当する大手企業の方とのインタビューでのお話を中心に企業の実態について明らかにしていきたいと思います。

●Aさんのケース：理解ある上司の存在。それでも10年前は過労死寸前

まずは、名前を聞けば誰もが知っている大手食品系メーカーで、Ｗｅｂマーケティングのご担当をされているAさん（40代男性）のケースです。この大手食品メーカーは、①の「上手くいっている」方のケースとなります（２０１１年1月インタビュー）。

このAさんと筆者は、もともとＷｅｂマーケティング関連の業界団体などで面識もありました。また、同社は早い時期から、会社の求心力を効かせて大規模なサイト運営をしていることは、なかば業界の常識でした。

そのため、今回、この章を書くあたり、真っ先にAさんが思い浮かび、会社として、どのよう

な背景があって、今の取り組みにいたり、それがどのように行われているのかということを教えていただこうと思ったわけです。

私の狙いは的中しました。

この会社は、1993年から94年にかけて、つまりWindows 95以前から、全社員1人ずつにメールアドレスを付与し、電話と同等レベルの通信インフラとしてインターネット環境を整えていたそうです。

Aさんによると、「役員レベルで、インターネットはいずれ重要なインフラになるから、今から整備しておこうという空気があった」とのことです。さらに、「電話の費用対効果なんて、誰も言わないじゃないですか?ネットも同じ、という考え方が弊社にはあったんだと思います」と、言葉を続けられました。さすが同社の役員は大局を見ているなと再認識しました。

現在のAさんのグループは10人弱。会社の中枢の管理セクションにあり、同社全体のWebマーケティングのガバナンスを効かせる立場で、Webマーケティングに関わる部門間の調整、事業部社員の教育・啓蒙を行っているそうです。

業務内容は、例えば、以下のようなことです。

・各事業部のKPI策定の指導

・システムやツールの導入
・アクセス解析など、必要なデータ取得方法、分析の指導
・新サービスへの同社としての対応、運用方針（ブログ、Twitter、Facebook、mixiなど）
・新技術への同社としての対応、運用方針（モバイル、各種アプリなど）

この会社の規模はグループ全体で社員数３万人弱とかなり大きいのですが、同社でＷｅｂマーケティングにかかわることを実施する場合、このＡさんのグループがまったく関与しないということはほとんどありません。それどころか、ある事業部が「Twitterを使ってプロモーションをしたい」「メールマガジン会員組織を作りたい」など、広告代理店と打ち合わせする際に、同席を求められることも少なくないそうです。

各事業部のＫＰＩ策定も、商材、商品によって当然異なってくるので、適切なＫＰＩが、ＰＶなのか、ＵＵなのか、あるいは、直帰率、ＣＶＲ、キャンペーンの応募者数なのかなど、一緒になって考えることも。

アクセス解析ツールの勉強会は、人事異動も考慮し、新しい方の着任の時期に合わせて事業部社員を集めてワークショップスタイルで年に複数回実施しています。

とはいえ、がんじがらめの中央集権のスタイルにしているわけではなく、各事業部の裁量も当

然認められ、機能もしていると、Aさんは仰っています。

Aさんのチームは、同社のWebマーケティングの大方針、プラットフォーム、仕組みを各事業部に提供し、Webマーケティングに関して何でも相談相手になり頼られる、まさしく、社内のWebマーケティングコンサルタント集団です。時には、ある日突然役員の方からも「Facebookはどうなんだ？」と聞かれることがあるようです。

筆者も15年この業界にいますが、企業の組織体制のなかで、ここまでの高い完成度でWebマーケティングを実施されている企業はなかなかありません。うらやましいぐらいの環境です。しかし、この恵まれた環境も、最初から当然のようにあったわけではありませんでした。Aさんの話は15年前にさかのぼります。

同社の対外的な、Webマーケティングは、1995年後半の、企業ブランド価値向上を目的とする企業サイト（コーポレートサイト）の立ち上げから始まります。NTT、資生堂などと並ぶ、非常に早期の立ち上げです。

それから、あっと言う間に各事業部のそれぞれの商品を扱うサイトが次々と作られ、メールマガジンや、商品のファンクラブのような会員組織も複数立ち上がっていきました。

大企業であるがゆえに、社員数も商品数も多いので、このままバラバラと複数のサイト、会員組織の誕生と、突っ走ってしまったら、同社として大変なことになると、当時Aさんは危機感を持ったそうです。

また、当時はたった1人でＷｅｂマーケティング関連業務を取り仕切っていたので、「このボリュームは、もはや自分1人では絶対に無理、過労死してしまう」と懸念し、当時の上司に相談、役員会議に上げてもらい、翌年から３人の専任体制を作ってもらったそうです。これは２０００年前後の頃です。

また、Ａさんは当時「社内勝手メルマガ」を作り、送る相手として、若くてやる気のありそうな社員から、中堅同僚レベル、役員クラスまで勝手に自身で選抜して、Ｗｅｂマーケティングの啓蒙をしていました。

新しいＷｅｂ業界の情報から、変わったお店の紹介と硬軟取り合わせたなかなか楽しい内容だったようです。

「やりますねっ！」と思わず、口を突いて出てしまいました。

当時のＷｅｂマーケティングにかける、Ａさんの情熱をひしひしと感じて感動を覚えた筆者のお気に入りのエピソードです。

今のＡさんを見ると、大企業の存在感のある確立されたセクションで、Ｗｅｂマーケティング推進を期待されていて、すべてが順調のようにも見えますが、その背景にこの15年間の努力の積み重ねと、情熱があるのだと実感しました。

同時に、早期にWebマーケティングに注目し、これらAさんの努力を認めて、評価し、次世代に生かす、企業文化、上層部の理解、上司の手助けが必要不可欠だったことも強く認識しました。

●Bさんのケース：大企業の中でマネジメントドライブに挑戦！

次にお話を聞かせていただいたBさんは、グローバル展開している、とある大手メーカーのWebマーケッターです。日本人なら知らない人がいないあの大手メーカーです。こちらは②の「上手くいっていない」→①「上手くいっている」への成長途上のケースになります（2010年12月インタビュー）。

Bさん（30代男性）の現在の仕事内容とその責務は、グループ会社十数社を含め、その会社の倍近い数十のサイトを統括・運営し、パフォーマンスを上げることです。

これらを、3人体制で担当されています。その体制の内容は、以下の通りです。

・海外のグループ会社も含めた事業部周辺の調整役と窓口
・システムやツール関連のテクニカル担当
・実践的な分析ノウハウを体系化し展開

明確に切り分けされていますが、Ｂさんは、３番目の業務である「実践的な分析ノウハウの体系化」を、日々各社へ展開し、ある子会社に関しては、完全に１人で広告宣伝からＢＰＲ（Business Process Reengineering：企業活動の目標を達成するために、業務内容や業務の流れ、組織構造を分析、最適化すること）も含め実践を行っています。

この３名体制で、各社の習熟度を定期的に調査し、ガバナンス形成をマネジメント・サポートされています。

Ｂさんが統括するサイトには、企業情報を掲載するコーポレートサイト、商品を紹介する情報サイト、Ｅコマースサイトなどがあります。

これだけだと、まだ具体的な仕事内容がわかりにくいと思いますので、さらにブレイクダウンしましょう。

「サイトの統括と運営」と一言で言ってしまいましたが、聞いたところ、どうもその域を超えてしまっているようです。各グループ会社の事業内容に合わせて、バリューチェーンにＷｅｂマーケティングを最適に組み込める方法を考え、業務フローに落とし込み、各社ごとにＷｅｂマーケティングにかかわるＫＰＩがＰＶか、ＵＵか、ＣＶＲかなど検討、策定し、ＰＤＣＡの好循環を回すという業務です。

ある意味これは、もはやＷｅｂマーケティングだけの話ではなく、ＢＰＲの領域の業務です。

先でも、ＢＰＲという言葉が出てきましたが、こういったケース（新しい業務を担当する人が、本来のその業務推進よりも、体制づくりへのコミットメントを求められてしまうケース）は、比較的起こっています。本来であれば、新しい業務を既存業務や体制に組み込むＢＰＲの専門の人が別途あと1人ないし、タスクフォースとして加わりスムーズに新業務が組み込まれるようサポートするなど、マネジメント側の配慮が必要な時期です。

ここからさらに踏み込んで、日々のお仕事についてうかがいました。

会社全体としてのＷｅｂマーケティングのガバナンスを効かせるための、レギュレーション策定。個々のグループ会社、サイトのＫＰＩ策定とその運用のための、グループ会社十数社の代表全て（総勢60人～１００人）を集めたスクール形式の勉強会の実施。数社を集めてワークショップ形式での勉強会の実施を年に複数回。

調整事やドキュメント作成などがずいぶんと大変そうです。少ないリソースでこれだけの範囲を掌握して、成果につなげていくのは相当に難しいのではないでしょうか。失礼ながらも、つい口から出てしまいました。

Ｂさんの目下の課題は、予算と人員という2大リソースを自分の部署にまわしてもらうことです。Ｂさんの直接のレポートラインがＣＩＯ（Chief Information Officer：最高情報システム担当役員）のため、ＩＴ側の視点の話になってしまうことも多く、マーケティングとＢＰＲの要素が絡むBさんの業務へのサポートが組織的に難しい、ということも背景にあり、諸々ご苦労されているようです。

また同社には、ＣＭＯ（Chief Marketing Officer：最高マーケティング担当役員）の方はいらっしゃるようですが、マーケティングというよりも広告宣伝がバックグラウンドの方で、Bさんが語るアクセス解析データなどの、Ｗｅｂマーケティング固有のＫＰＩ（ＰＶ／ＵＵ／ＣＶＲなど）、データドリブン（定量分析をもとに、次のアクションを考察する）の考え方に対して理解と関心が薄いようで、いまだコンタクトは取れていない状態とのことです。

ＷｅｂマーケティングとＣＭＯの間に、何らかのレポートラインが無いという事実には正直驚きました。

このような中でBさんは、Ｗｅｂマーケティングの進化に、組織と体制づくりをフィットさせて、成果を出して次に繋げていくために日々挑戦し続けています。

ちょうどお話をうかがった時期が12月で、来期（２０１１年４月期以降）の予算確定の時期でもあり、来期の予算や人員配置作りに意欲的に取り組んでおられるBさんの姿が印象的でした。

本来であれば、組織と体制づくりは、人事やマネジメントの仕事、それをBさんたちが補うような状態が起こっています。マネジメントと現場の仕事の領域と定義について、非常に考えさせられるケースかと思います。

●Cさんのケース：結局、全部私に来るんです……

最後にお話をうかがったのは、誰もが知っている大手流通小売のＷｅｂマスター・Ｃさん（30代女性）です。こちらは、②の「上手くいっていない」ケースです（２０１１年1月インタビュー）。

「同じ商品を買うんだったら、そりゃあ安いところで買いますよ」と、言われ続けて久しい流通小売業界は、今や価格以外の付加価値をどう提供するかが最大の差別化のポイントです。このような競争の激しい業界で、Ｗｅｂをビジネスにどう生かしているのだろう？というのは、筆者としては非常に気になるテーマでした。

各会社によって、取り組み方は異なるので、一概にすべての流通小売はこうである、とは言いません。ここでの話は、あくまでもＣさんの会社の場合ということでお伝えしたいと思います。

2年ほど前のある日、Ｃさんは自社の役員から呼び出しを受けて、大激怒されてしまいました。理由は、その直前にＣさんが社内の各部の人たちに出した案内で、プレスリリース代行業者を活用してください、というお願いをしたことでした。内容は次のようなものです。

「企業プレスリリース代行業者のサービスを、会社として契約しているので、各部署でリリースしたい出店情報や商品の取り扱い情報などがあれば、ぜひ活用してください。リリース内容は、その代行業者のＷｅｂサイトと、当社のリリースサイトの両方に同時掲載される仕組みなので作業効率もよく簡単で、倍の告知ができます！」

これを知った役員が、「いったい、誰の許可を受けてやっているんだ！」と激しい怒りをＣさんにぶつけ、詰め寄ってきたというのです。

しかし、この仕組みの活用（プレスリリース発信代行業者の仕組みを使って、両社のＷｅｂサイトに同時リリースすること）はその時点ですでに2年前から続いてきており、このタイミングで新しく始まった取り組みでもありません。Ｃさんは、むしろ、このことをまだ知らない人たちも社内にいるだろう、と気を利かせて案内しただけなので、役員から呼び出しを受けて怒られるなど、まったく予想をしていなかったようです。役員が怒っている理由が、まったくわからなかったそうです。

比較的よく聞く話ですが、人事異動や組織変更が繰り返された挙げ句、誰が始めたかもわからないままずっと続いているルールや仕組みが、突如槍玉に上がり、その時の担当者が怒られてしまうケースです。

そのときＣさんはその役員に、会社としてリリースする基準づくりや、内容をチェックするフローを作る必要性を訴えたそうです。しかし、逆にまたもや怒られてしまいました。その後、何回か説得を試みたそうですが、そのたびに怒られるので、口に出すのも自然とやめてしまったとのことです（お気の毒としか言いようがありません）。

そして、今現在どうなっているかというと、うるさい担当部署や担当者の場合と偉い人が推した場合にリリースとして掲載されているそうです。「御社の場合、Ｗｅｂサイトのガバナンスは？」とうかがったところ、即座に「あ、ないですよ。ありません」との答えが返ってきました。

少し話を変えて、Ｗｅｂマーケティング関連の取り組みについて尋ねました。オンライン販売サイトの現状、アクセス数や、購入率データ、売れ筋データの活用などです。これに対するＣさんの答えは、「ＥＣの部署がデータを共有してくれないんです」でした。

アクセス解析ツールを入れているのか、何らかのアクセス解析はやっているのかも訊いてみました。

「それも知りません。教えてもらえないんです。本来なら、自社の販売サイトとリアルの既存店の販売実績を横並びで評価しないといけないのですが……」と、また、Ｃさんの話は歯切れが悪くなりました。

うかがった話はこれだけではないのですが、全般的に、すべてにおいてルールがなく、情報共有が中途半端で、各人が好き勝手に、自部署に関係のあるＷｅｂサイトだけを管理し、その部署だけで完結しているようでした。

また、正式な広報セクションが存在しないらしく、企業サイトの会社概要や役員紹介、会社地図などは、Ｃさんが自分で原稿を書き、画像処理のアプリで地図を作成してアップしているとのことでした（この事実にも驚きました）。

ある意味、ＷｅｂマスターであるＣさんに何ら権限がなく、集まるべき情報やデータが不足していて、こぼれた球をＣさんが全部拾っているような状態です。

せっかく看板のある同社にも関わらず、Ｗｅｂサイトの活用の仕方、人の使い方など、じつにもったいない話です。上位マネジメント層の理解、しかも、強力なトップダウンが必要であると強く思いました。

参考までに、Ｃさんを怒鳴りつけた役員の方や、過去から現在にかけてボトルネックになっている人がどんな方なのかを訊いてみました。たいていが、50代でテレビや新聞のことしか知らない方たちだそうです。「Twitterやmixiを知らないのはもちろんのこと、たぶんＷｅｂサイトなんて見ていないいんじゃないでしょうか」とは、その役員を知る別の方から聞きました（50代の方すべてに問題がある、ということではありません）。

今後Ｃさんは、複雑な組織や体制の中で、組織横断的に、一元的に情報を管理してＷｅｂサイトを運営するスキームを作っていきたいそうです。予算も、各組織から少しずつ出してもらう現在のようなやり方ではなく、全体俯瞰をするところがまとめて管理するようにしたいと話されていました（Aさんの会社のやり方です）。

企業にとってのWebサイトのポジショニングや役割を定義して、機能させるためのスキームは、本当に「組織と体制」「上位マネジメント層の意志」の問題である、とより強く認識したインタビューとなりました。Cさんには、本当に頑張っていただきたいです。

●企業内Webマーケッター

序章でWebマーケッターを大きく4つに分類しましたが、その中の「メーカー、事業会社などの企業」が、いわゆる企業内Webマーケッターです。

本章に登場したAさん、Bさん、Cさんは、すべてこのメーカー、事業会社Webマーケッターです。

「企業内Webマーケッター」と一言で言っても、このように三者三様です。企業ごとに最適なWebサイトの活用の仕方があり、同職種といえどもその仕事の内容、領域、果たす責任は異なります。このように、メーカー、事業会社Webマーケッターは、その企業にとっての最適なWebマーケティングの在り方を追求し、実現させるために日々進化していきます。

Webマーケッターの分類(再掲)

	種別	主な仕事	所属部署や所属会社の例
1	メーカー 事業会社 Webマーケッター	リアル事業を主とする、メーカーやサービス業などの企業でWebマーケティングを担当する	宣伝・広告、営業、販促、広報・コーポレートコミュニケーションなどの部署。ネットを活用している部署は、すべて該当。Webマスターといわれる場合もある。サイトの統括担当者から、ECサイト担当、メールマーケティング担当、ネット広告出稿担当、宣伝、ネット販促、CRMマーケ担当など実に多様
2	ネット専業 事業会社 Webマーケッター	主に個人向けのオンライン事業サービスを提供する	Yahoo! JAPANを運営するヤフー、EC(ネット通販)の楽天、検索エンジンのグーグル、mixiを提供するミクシィや、オンラインゲームを提供するDeNA(モバゲー)・グリー。インターネットサービスプロバイダーのニフティ、ソネットエンタテインメントなど他多数
3	広告代理店 コンサルタント Webマーケッター	主に1の企業に対してコンサルティングや企画提供業務を行う	広告代理店、Webマーケティングコンサルティング会社など。電通、博報堂など従来の広告代理店のネット担当。サイバーエージェント、オプトなどのネット系の広告代理店営業。著者がかつて籍を置いていた、ネットイヤーグループ、IMJなどのWebマーケティング戦略コンサルティング会社のプロデューサー、コンサルタント
4	ソリューション 提供 Webマーケッター	主に1、2の企業に対して、ツールや仕組みを提供する(3とは提携するケースが多い)	レコメンデーションエンジン、アクセス解析ツール、コンテンツマネージメントシステム、SFA(営業支援システム)、メール配信システム、デジタルサイネージなどの開発会社、販売会社などの企画開発者や営業、コンサルタント

●上位マネジメント層はどうあるべき?

Ｗｅｂマーケティングの成果がみえないからと、企業としての資源投下を怠っているうちに、Ｗｅｂマーケティングの可能性に期待して、投資をしてきた企業に抜かれてしまう日がきてしまうかもしれません。

メーカー、事業会社にとってＷｅｂは、本業以外の分野なので、優先順位が落ちてしまうことも理解はできます。しかし、本業以外だからこそ、取り組み方次第で競合他社との差別化が可能になります。

また、Ｗｅｂマーケティングに限らず、既存にはなかった仕組みや体制を企業として新規にどう取り込んでいくべきかの判断は、上位マネジメントの意思であり企業姿勢の表れです。こうして企業の未来が作られていく、ということも付け加えておきたいと思います。

コラム３　営業とマーケは本当に仲が悪いのか!?

世間一般では、都市伝説の如く「営業とマーケは仲が悪い」と言われて久しいようですが、実際はどうなのでしょう?

元営業で、現在マーケティング職の筆者の考えは、「イエス」です。「仲が良い」ということをほとんど聞いたことがないから、便宜上「イエス」としました。

すでに、序章でも述べていますが、そもそも「Ｗｅｂマーケティング」や「Ｗｅｂマーケッター」という言葉の持つ意味も浸透も曖昧なため、売上責任を持っている部署や人から見ると、マーケティングって何か「怪しさ」を感じてしまうのだと思います。

ただ、この現実は、会社の事業活動のバリューチェーンの中に、「マーケティング」の部署が機能するように、組み込めていないことの証しです。

それぞれの役割活動のＫＰＩの達成が、全体の目標達成につながっていることが組織同士で見えていないために、「何をしているのかわからない」「売上に繋がってない（?）」など関連部署社員の間に「牽制」や「摩擦」が起こってしまうのです。

２０１１年が明けて早々、宣伝会議が開催する「Ｂ２Ｂのデジタルマーケティング担当者座談会」に呼んでいただきました（【コラム１】と同じ座談会です。筆者が本書執筆佳境の時期に呼んでいただき、貴重なお話をうかがうことが出来て大変有意義な座談会でした)。筆者以外で参加されていたのは、大手メーカー2社。大手通信会社、外資系製薬会社さんです。

当然、いろいろな話題、課題が出てきましたが、「営業との連携」もやはり出てきました。

この場では、「仲が良い悪い」というよりも、もっと建設的な話です。営業の持っている売上や顧客のデータと、マーケ側で保持している、サイトやメールなどのオンライン施策で得た顧客の行動特性情報やニーズの傾向、資料請求数などのデータを活用して、うまく営業と連携できないものか、という内容でした。

業種や業態、扱う商材も異なる中で、マーケティング担当者が認識している課題の共通点を強く認識した座談会でした。

本来ならこの種の問題「営業がデータを出してくれない」「現場を知らないマーケが数字のことをごちゃごちゃ言う」などは、組織において役割と責任が明確にされない結果、現場で起こってしまったひとつの現象に過ぎません。組織の上位が交通整理をして、各部がスムーズに回るようにすることが、結局は企業、組織がマーケティングを浸透させ活用する最善策なのです。

マーケティング担当者やその組織が、アウェイな環境のなか孤軍奮闘頑張る時代はそろそろ終わりにしましょう。第5章のAさんの話に通じますが、会社の経営層、役員レベルといった上位マネジメント層の理解とバックアップがあってこそ、担当者の努力も実り企業の成長につながるというものです。

第6章
マーケッター失格！

ケアレスミス
ですね

瞳さん、大変なんです
大至急
会社に来てくださいっ
とにかく
早くっ
え、将解君
どうしたの？

遅くなりました…
瞳さん…
どうして
ちゃんと連絡してこないの
サイトの制作も
あなたの会社に発注して
作ってもらっているのよ
どんな時も即時
対応してもらわないと
困るの
す…
すみません…
将解
何があったか
説明してあげて
今日の
板井さん
恐い…
は
はい

『予約したモデルルームと場所が違う』って
苦情メールが山ほどきているんです
おそらく全国でモデルルームを予約した約5千人全員に間違えたメールを送ったと思われます
ダダッ
ガタッ
ど
どういうこと
一洋ホーム
昨日御社から
送られてきた
確認メールですが
予約した場所と
違うんですが
どうしたらいいので
私は柏のモデルルー
行きたいのですが…
どちらに行けば
いいんでしょうか
どうして俺が
北海道の
モデルルームに
行かなきゃ
なんねーんだよ
意味わかん
……
今回は
行くの
辞めます
予約した場
不安です。
しっかり対応

キャンペーン一週間前に送信されるリマインドメール（確認メール）で発覚したのよ
リマインドメール
参加型のイベントで予約日から開催日までに日数があるとき、開催の数日前に参加意思の確認やキャンセル防止を目的として送付するメール
メールは増える一方
早く手を打たないとますます混乱するわ
すでに2ちゃんねるやミクシィ
ツイッターにまで話題になりつつあるわ
一洋サイテー
それってマジありえね
場所わけわかんないよ
申し訳ありません
今はとにかく原因を調べて早急に対策をうちます
当たり前でしょ
一洋ホームの信頼が落ちたらあなたに責任とってもらうから
だから外注は嫌って言ったのよ
冗談じゃないわっ
……

将解君
急いでDB担当金澤さん呼んできてちょうだい
ははい
とにかく原因をチェックしないと
皆さんにもご迷惑かけますがよろしくお願いします
……
カチッ
なるほど
データベース担当
金澤《かなざわ》
カチ
カチ
そんなに難しいミスではないでしょう…
恐らくプルダウンのどこかでズレがあるはずです
申し込みフォームも名前とメアドと希望の場所だけだから調べやすい
一洋ホ
モデルルー
ご来場予約
ご希望の会場
ご氏名
（姓）（名）
ふりがな
ご希望の会場
カチ
＜東京地区ショールーム＞
1 新宿区 新宿展示場
2 江戸川区 江戸川展示場
3 江東区 木場展示場
4 北区 赤羽展示場
5 練馬区 石神井展示場
6 杉並区 浜田山展示場
7 世田谷区 駒沢展示場
8 世田谷区 桜上水展示場
9 三鷹市 三鷹展示場
10 府中市 府中展示場
11 立川市 立川展示場
12 八王子市 八王子展示場
13 町田市 町田展示場
プルダウンのソースコードとDBを比較してみる
カチ
カチ

あ
なるほど これが原因か
え、もう わかったの？
ええ、これは単純な 設定と確認の ミスですよ
これを 見てください
MR000 新宿区 新宿展示場
MR001 江戸川区 江戸川展示場
MR002 江東区 木場展示場
MR003 北区 赤羽展示場
MR004 練馬区 石神井展示場
MR005 杉並区 浜田山展示場
MR006 世田谷区 駒沢展示場
世田谷区 桜上水展示
三鷹市 三鷹展示
中市 府中展示
川市 立川展示
王子市 八王子展
田市 町田展示
</OPTION>
<OPTION value = http:/
<OPTION value = http:/
希望会場のDB側の 通し番号です
あ
気付き ましたか
一つずれてる
<フォーム画面での プルダウン選択肢>
1 新宿区 新宿展
2 江戸川区 江戸川
<DBの番号>
MR000 新宿区 新宿展
MR001 江戸川区 江戸川
そうです フォーム画面の1は 新宿区なのに データを格納する DB側はMR000
つまり0
え
ケアレスミス ですね
じゃあ… フォームから 6（杉並）を送信したら DBではMR006と 処理されて （世田谷）と間違われて 申し込まれて しまうわけ？
その通り
ちょっと会社に 連絡してきます…
ちょっと 待ちなさいよ
ケアレスミスって どういうことよ

キャンペーンまで
あと少しだったのに
私がちゃんと
チェック
していれば
Webマーケッター
失格ね
ここんとところ
気が抜けてたのかも
しれない
予約者数も
増えたし
手応えのある
プレゼンも
出来たし
プロポーズだって
されそうだし…
ん
!!
いっけない!!
今晩彼と
食事の約束
してたんだった
プルルルル…
もう11時前
じゃない
どうして
こんな時に
私の
バカバカ
ガチャ
もしもし…瞳?
ごめんなさい

忘れてたわけじゃないのよっ
取引先と大きなトラブル起こしちゃって
どうしても連絡とれなかったのよ
もういいって
ちょ
ちょっと…
もういいよ
え

Webマーケティングとトラブル、正しい付き合い方

●Webマーケティングトラブルとは？

Webマーケティングトラブルといえば、何を真っ先に思い浮かべるでしょうか？

「個人情報の流出」「サイトのダウン（表示されない状態）」「Twitterやブログ、SNSなどの『炎上』」「メールの誤送信」「ウィルス感染」「第三者によるサイトの不正改ざん」「サイトのリンク切れ」等々、問題や影響度として大きそうなものから軽微なものまでたくさんあります。

これらのトラブルの多くは、インターネットが世に登場する以前には、まったくあり得なかった現象や言葉のため、エグゼクティブの方やご年配の方からは一様に、「だから、ネットは……（だめなんだ）」と、有無を言わさず悪者扱いされていることは、まだまだ継続しているように感じます。

しかし、それでネットを敬遠してしまい、Webマーケティングがもたらす「功」を取り逃が

してしまうのはあまりにもったいなく、愚かです。

この章では、「Ｗｅｂマーケティングに関連するトラブル」について、そのトラブルと、要因の種別をレベルに分けて整理をしてから、企業やサービス事業者としてのトラブルの回避方法と、その向き合い方をお伝えしたいと思います。

以下は、次の節を前に、冒頭に登場したＷｅｂマーケティングで起こり得るトラブルを、いったん整理分類して列挙しておきます。

○Ｗｅｂマーケティングに起こり得るトラブル

（１）自社Ｗｅｂサイト周辺
・サイトのダウン（表示されない状態）
・サイトのリンク切れ
・第三者によるサイトの不正改ざん
（２）メール関連
・メールの誤送信
・ウィルス感染
（３）ＳＮＳ、他サイト周辺

・Twitterやブログ、SNSなどの炎上

（4）コンプライアンス周辺

・個人情報の流出

●トラブルの犯人探し

トラブルの犯人、すなわち要因は何でしょう？

まず、トラブルには、「人為的なもの」と「システムやハードウェアを要因とするもの」に二分する軸があります。そして、もう1つの軸は「内部要因」と「外部要因」です。

図で表すと、次のようなマトリクスになり、ほとんどのトラブルは、この枠内に収まるでしょう。

まず、最初の軸の「人為的」要素ですが、この要素を持つトラブルが実は最も多く発生します。また、さらにそこには、「故意」と「過失」の2つが存在します。

この表ではいったん、「起こり得る、降りかかってくる事象」として両方を一緒にしておきますが「故意」の場合は事故・トラブルというよりも、犯罪の意味合いが強くなり、その対処方法も異なってくるため（Webマーケティング域を出てしまう）、最終的には「故意」の要素のあ

るトラブルへの対応については省きます。

「システムやハードウェア」の項目も、本をただせばそれを構築し、管理している「人」に起因しますが、直接的な要因という意味合いで、この項目を作りました。具体的にはシステムやハードなどの不具合や、バグ（原因が特定できていない、不具合）によるもの、仕様漏れなどがあります。

そして、これらに横串を刺す軸が、内部要因と外部要因の要素です。経営戦略案件などの整理によく使われる、３Ｃの要素の、Company（自社）が「内部要因」、Customer（顧客）とCompetitor（競合）の２つを組み合わせて「外部要因」としています。

先に登場した、トラブル例をマトリクスにプロットしてみましょう。

中には、「サイトのリンク切れ」「メールの誤送信」「個人情報の流出」など、「人為的」と「システム・ハードウ

トラブルの要因を分類するマトリクス（著者オリジナル）

	人為的（故意と過失の両方含む）	システムやハードウェア
内部要因	・「サイトのリンク切れ」 ・「メールの誤送信」 ・「個人情報の流出」	・「サイトのダウン（表示されない状態）」 ・「サイトのリンク切れ」 ・「メールの誤送信」 ・「個人情報の流出」
外部要因	・★「第三者によるサイトの不正改ざん」 ・★「Twitterやブログ、SNSなどの『炎上』」 ・★「個人情報の流出」	・「ウィルス感染」

★：「故意」の要素が強いもの

エア」の両方にプロットされているものもあります。これは、人間のミスによるものと、システムが正常に機能しない場合が起こり得ることを考慮しています。

例えば、筆者の経験上かかわったトラブルに「個人情報の流出（正確には「個人情報が公開されてしまった」）」があります。これは、ある販促メールを受け取った会員がサイトに訪問しログインした際に、自分の情報でなく、第三者の氏名、住所、保有ポイント数などの情報が表示されてしまった、というものです。その会員本人が当該カスタマーセンターへ問い合わせたことにより、そのトラブルが発覚しました。

これが大量化すれば一大事ということで、要因の特定を急いだところ、会員システムを提供いているサービス事業者側の設定ミスであったということがわかりました。

このように、システムの仕様理解が完全ではなかった経験不足も起因しますが、操作そのものが複雑で、ミスを誘発しやすい設定方法でもあったようです。

ちなみに、このような個人情報の流出が懸念されるトラブルが発生した際には、監督省庁に対する届け出が必要で、「発生した事象」「その要因」「当座の対処方法」「該当した被害者への対応内容」「再発防止のために実施すること」などの内容をまとめた書面の提出が必要となります。この類のトラブルの場合、企業側は、コンプライアンス部門がイニシアチブを取って対応することが急務となります。

●トラブルの影響範囲は無限？

Ｗｅｂマーケティングのトラブルの場合、被害は最悪の場合無限大に拡がります。伝達経路が、時間も場所もデバイス（ＰＣ、モバイルなど）も問わず、ネットワーク上ですべてつながってしまうため、理論上はそうなります。ただし、未然に防ぐことも十分に可能です。

それではあらためて、この節ではトラブルの大きさ、影響の度合いの視点でＷｅｂマーケティングのトラブルについて整理したいと思います。

ところで、「ハインリッヒの法則」はご存知でしょうか？労働災害におけるある統計データから導き出した法則で、１９２９年に発表されました。１つの「重大事故」の背後には29の「軽微な事故」があり、さらにその背景には３００の「ヒヤリ、ハット」が存在するというものです。

ハインリッヒの法則

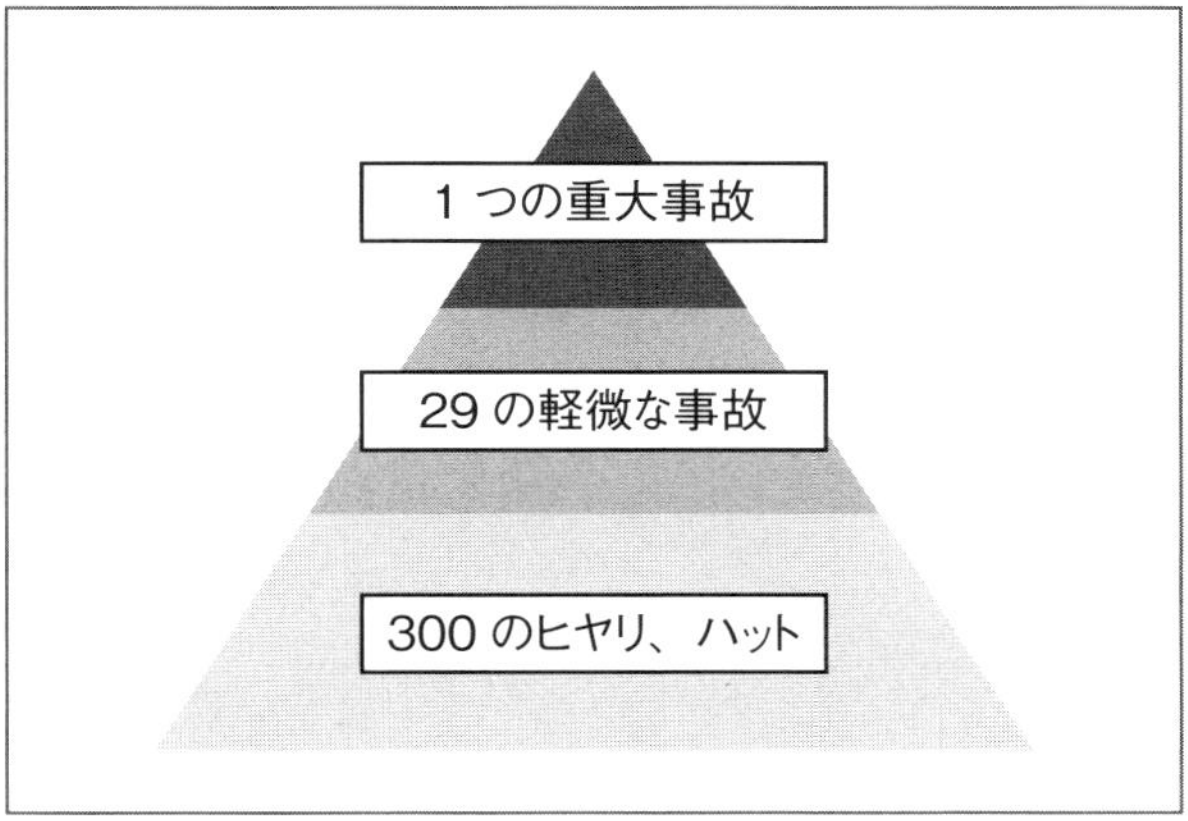

筆者は、この数字的確率と事故レベル分類はともかく、この考え方の枠組みはWebマーケティングのトラブル発生の考え方にも十分にあてはめて考えることができると思っています。

●Webマーケティングのトラブルは4段階

Webマーケティングに焦点を当てて考えてみたところ、この3段階の分類ではやや大ざっぱなので、少しカスタマイズすることにしました。およそ次の4段階に集約できそうです。ただし、筆者の研究途中のテーマのため、この4つの発生確率と、ボーダーラインの定量化はまだ確定できていません。よって、考え方のプロセスに力点を置いて説明したいと思います。

①甚大な金額と、信用・信頼の損失を被る「重大トラブル」
②ある一定金額の売上機会損失と、複数のお客さまからの信用・信頼に課題を残す「大トラブル」
③当事者となったお客さまからのクレームに及ぶ「中トラブル」
④外部発覚前に内部で収束させた「小トラブル」

例えば、何らかの要因で個人情報が流出してしまったとしましょう。１人あたりに支払う賠償金額を５万円とします。仮に１００万人分の情報が漏洩した場合、その賠償金額は５００億円となり、これは弊社の年間売り上げの約４分の１に相当します。

この賠償金額のレベルと社会的信用を考慮すれば、間違いなく「重大トラブル」に相当します。

「大トラブル」には、Ｅコマースサイトで１週間のサーバダウンなどが該当します。１週間そのサイトでの販売ができなかったことで、１週間分の売上の機会損失です。加えて、ユーザーからの信頼や評判も失うことになります。このトラブルがきっかけとなり、他サイトを利用するようになる可能性は十分にあります。

「中トラブル」として、想定しているのは人為的、システムなど何らかの要因で手違いや、お客さまを不快にさせる事象があり、カスタマーセンターや担当営業に対する「クレーム」が起こり、その対外的な対応のために人的工数、軽微な経費が発生する場合を想定しています。これも、ユーザーの信頼を失う可能性があります。

「小トラブル」は、内部の関係者によって発見された誤りやミスです。例えば、使用しているシステムやツールの設定ミス、表記上の間違いなどが考えられます。これだけ読むと、全く大事（おおごと）ではなさそうですが、気づかずにいれば、リリース前なのにサイトが公開され店舗にお客さまが殺到して混乱が生じたり、間違った情報が入ったままお客さまにメールが送信されたりなど将来的に大トラブルにつながってしまいます。

筆者はまさしくこの「小トラブル」が、ハインリッヒの「ヒヤリ、ハット」に相当すると見なしています。

このように、Ｗｅｂのマーケティングの現場においては、ハインリッヒの3つに1つ加えた、4段階が現実的であると考えております。

（筆者は、企業におけるＷｅｂマーケティングの実施過程で発生したトラブルの集計、分析を経て、「ハインリッヒの法則～Ｗｅｂマーケティングおよび I T 版～」を体系化したいと思っています。どなたか学術機関の協力を得て体系化できないでしょうか？）

●ユーザーを巻き込んでしまった場合の、トラブル対応基本方針

トラブルの対処方法は、言うまでもなく普遍的ですが次のとおりです。

○トラブルの普遍的な対処方法

・事象や、被害など影響範囲の正確な把握

（日時、地域、場所、被害者、被害団体、内容、人数、金額など）

・謝罪と賠償　←
（謝罪のみで済まない場合は、金銭や物品での賠償も考えられます。商品やクーポン、ポイントなどで代替されることが多い）

●トラブルへの対処と再発防止

Ｗｅｂマーケティングの原因特定の場合は、前出のように人為的なものとシステム的なものが組み合わされた場合が多いため、特定するのに期間を要することもしばしばです。

しかし、再発を防ぐためにも正確な原因の特定は必要です。

そして、原因も特定され対処も済んだあと、③の「中トラブル」以上のトラブルの場合、①と②の「重大トラブル」「大トラブル」は言うまでもありませんが、一般的な企業は全て記録として残しているケースがほとんどです。

◆トラブルは起こるもの。起こったあとの対応が全て。

一般消費者向け商品を扱っている企業の場合は、大なり小なりたいていカスタマーセンターがあり、そこで記録されている「お客さまからの声」はすべて種別分類され、発生日時、内容と具体的対処方法、当該トラブルに関連する部署名・営業担当者名など記録があり、緊急性の高いものは即時共有、低いものは1日分ずつ定期的に共有されています。筆者もあるネット事業の営業担当だったときは、CRMから届く顧客の声のまとめ（前日分）を、毎朝出社後にチェックすることが日課でした。

「大トラブル」のレベルになると、当該企業の経営会議で、「時系列で整理した事象報告」「影響の程度と範囲」「対処方法」「要因と再発防止策」などの内容での報告は必須となる場合がほとんどです。ここで、具体的事例は出せませんが、筆者もかつてその報告書を作った経験がありま す。

トラブルはみずから招きたくはないですが、小さいトラブルを早めの段階で経験することで、結果的にその後の大きなトラブル防止に繋がることはよくあります。「失敗は成功の母」といわれる所以です。

あらためて、再発の防止、今後トラブルを回避する方法ですが、基本的に次の2つです。非常にシンプルなのですが、これを定着させて機能させるには、「体制と役割の明確化」「監視の習慣化」など組織的な取り組みが必要です。

○トラブルの再発防止、回避のための2つの原則

・オペレーションルールの策定と周知徹底　⇓　人為的な問題解決化

・システム仕様や操作方法の見直しと改善実施　⇓　システム、ハード面の問題解決化

また、この第6章の冒頭のマトリクスにあった「故意」の要素である、「Twitterやブログ、ＳＮＳなどの炎上」などについては、一言で言うと、回避策はありません。

なぜなら対外的な故意や悪意は、自分の管理下にはないため、全く「マネージャブル（Manageable：事前予測し対応に備えることが可能）ではない」からです。

むしろ、万が一起こってしまった場合を想定した「対策方針策定」「対応スキームのマニュアル化」を、着手されておくことをお奨めします。

なお、先も述べましたが、故意の「個人情報の流出」などの場合は犯罪の意味合いがあり、法的な対応が必要になることもあるため、コンプライアンス部門での対応となります。

このように、企業にとって、15年前は、まったく想定していなかったトラブルの代表的なものがＷｅｂマーケティングに関連するトラブルだと言えます。しかし、これらトラブルの負の部分を考慮してもあまりある、「ビジネスチャンス（機会の創出）」を企業にもたらしているのがＷｅｂマーケティングだといえるでしょう。

第7章 転んでもただじゃ起きないわよ

DBあってこその対応ですね

資料室
何よ
こんなところに
呼びだして
ギィ
今がどれほど
大変なのか
わかるでしょ
あの子のお陰で
うちの信用
丸つぶれよ！
バンッ
！
三立《みた》さんに
責任を押し付けるのは
やめてください
彼女ばかりを
責めるのは
筋違いです

はぁ？
何言ってるの
だって悪いのは
あの子の会社が
作ったシステムでしょ
私は
リーダーとして
ちゃんと
言わなきゃ…
板井さんにも
納品チェックする
義務があるはずです
!!
責任者のあなたが
GOを出したんです
……
チェック不足は
もちろん問題
でも今は
チーム一丸となって
危機を乗り切るべき
じゃないですか
うるさいっ
板井さん
もっと三立さんを
認めてあげて
ください
フン

どーーーーん…
今すぐ飛んで帰りたい
誠君にちゃんと説明しないと絶対怒ってる
もういいよ
でも…
よりによってこんなときに…
コツ
ぱったり
あ
ん
目が赤い
あんたまた泣いてたの
い
いえっ
本当に泣くの好きね

どうせプライベートなことでしょお見通しよ
緊急事態なのよ
認識してよね
トゲ
今はこの人の話聞きたくない…
え
え？
あなたしかいないのよ
確かに今回の件は私にも少しは責任があるかもしれない…
少しよ少しっ
え
え
え
こうなった以上あなたに頑張ってもらわないと困るのっ
えっと…だから…つまり…
悪かったわね
認めているからこそ強く言っちゃうの
あなたには期待してるのよ
だからそんな顔するんじゃないの

ど、どうしたんですか…急に
気持ちわるい
もっと三立さんを認めてあげて下さい
いいから早く行って
はは い
くすっ
皆おまたせ
あ瞳さん
これからすぐに正しい情報を入れた謝罪メールを全国5000名に送ろうと思います
ちょっと待って
その5000名の人たちのうちキャンペーン応募が初めての人と複数回経験がある人を区別できますか？
ええもちろん

過去の分に関しては応募日時からモデルルーム来場日付まで全てデータベース（DB）化してます
どういうことですか？
データベースマーケティングのひとつでDBの項目の中の“行動履歴”を活用しようと思うの
行動履歴？
これまでのキャンペーンで一度でもアプローチのあったお客様には『より見込みが高いお客様』として
キャンペーン
『見込みが高い客』
印（フラグ）をつけて管理するんです
な　なるほど
興味があるってことですからね
今回申し込んでいただいたお客様のうちで2回目フラグの人数は？
5000人中…2000人くらいです
じゃあ2回以上のお客様と今回初のお客様とでメールの文面を変えて
より状況に即した丁寧な謝罪文を送りましょう
DBあってこその対応ですね
ふふふ
DBの持ち方も活用を見据えて考えておかないといけないな

一洋ホームの会員ＤＢ数は全体で１８０００件
今回のキャンペーンで会員ＤＢは新規３０００名追加であわせて２１０００件
新規 3000件
一洋ホーム ＤＢ 18000件
ＤＢは一洋ホームの将来を支える大切な財産ですね
キャンペーンはとても大切なイベントなの
一洋ホーム モデルルーム
キャンペーン応募そのものではアドレスしか得られない
でも
モデルルームに来てもらうことで
住所や電話番号など詳細なデータを取得することでＤＢとしての精度が高まるわ
ＤＢ
一洋ホーム

一洋ホーム DB
Aランク（モデルルーム来場経験２回以上）
Bランク（モデルルーム来場経験１回）
Cランク（モデルルーム来場経験なし）
できれば今後は一洋ホームDBもこのように3段階に分けて管理
3年以上空きがあればクリーニングして常にDB管理するといいわ
なるほど
さあ皆もう一踏ん張りよ
ピンチはチャンス転んだってただじゃ起きないわよ

デ ータベースマーケティングとは?

●データベースを活かしたマーケティング

データベースマーケティングは、ここ10年ぐらいの間にマーケティングに携わる人たちの間では当たり前になった用語です。

マーケティングに直接かかわらない方や、上位マネジメント層の方も、言葉だけは聞いたことがあるのではないでしょうか。

今でこそ「仕組み」や「システム」として確立されつつある、マーケティングの考え方であり手法ですが、中身は取り立てて新しいものではなく、要は商業経済の成り立ちとともに出てきた「お得意さん商法」のデジタル的体系化に過ぎません。

例えば、筆者が行きつけの寿司屋で、「今日のサバはおススメですよ!」とか、イタリアンレストランで「今日は、エビのアラビアータありますよ」などと言われたりするのは、まさしく「お得意さん商法」です。

サバもエビも筆者が好きで、それぞれの店では過去によく食べているものです。それを知っているお店の人が、そのことをよく覚えていて、それを筆者に勧めたら筆者が喜んでまた注文してくれるかもしれない、と考えておススメしてくれたわけです。これは、人の記憶というデータベースを活用した、データベースマーケティングだと言えます。

つまり、過去の購買履歴や問い合わせなどの行動履歴と、性別、年齢、居住地、職業、などの属性のデータをもとに、お客さまにサービスや商品を提案することが「データベースマーケティング」なのです。

どんな商売でも取引でも、この考え方は既に活用されていると言われたとしても、ほとんどの方は異論がないと思います。

この場合注意が必要なのは、その活用の仕方、仕組み化です。

そのときそのときの思いつきや行き当たりばったりだったり、また、属人的であったり、仕組みとして体系化されていない、元々のデータの取り方が甘かったりすると、せっかくの取り組みで一時的に効果が出たとしても、再現性や継続性は期待できません。

データベースマーケティングの効果を最大化させるための、組織的な取り組みの条件を次に簡単にまとめます。

1. 必要なデータが高い精度で定期的に、または毎回取得できていること
2. そのデータを定性、定量の両面で分析し、活用する力があること
3. データ分析の結果を次のアクションに活用できる方法が仕組み化されていること

たった3か条ですが、組織として回していくには、5章でもさんざん触れているように、上位マネジメント層の理解と後押しと、現場の実行力が必要不可欠です。

データベースマーケティングとは、お客さまの過去の購買履歴、クリックや問い合わせなどの「行動履歴」と、性別、年齢、居住地、職業などの「属性」の両データを活用、分析し、そのお客さまの次のニーズ、時代の未来のトレンドを予測してサービスや商品を提案することです。仮説が必ず存在するマーケティング施策なので、その仮説に対して結果がどうであったか、効果検証しやすいことも特徴です。

また、ここまでの流れでお分かりかと思いますが、過去の顧客行動履歴（お問い合わせ、クリック、購入など）の積み重ねがベースにあるので、顧客の新規開拓というよりも、既存客との接触頻度、顧客単価を上げること、つまり「既存顧客価値の最大化」の実践的手法であり、CRM（Customer Relationship Marketing）の考え方のひとつでもあります。

●効果はあるのか？

やはり、読者のみなさんが気になるのは、このデータベースマーケティングの売上や利益の効果ではないでしょうか。

データベースを活用したマーケティングによって、売上がどの程度上がったのかは、統計的なデータと異なり、企業の機密情報に触れる要素も多いため、定量的な情報は公式にはなかなか入手が困難です。

とはいえ、「相対的」な定量情報などは、データベースマーケティングを提供しているコンサルティングの会社のホームページに行けば、事例として、「クリック率が１４０％になった」「売上が2桁成長」など、航空、証券、小売、製造、化粧品、印刷、人材、外食といった幅広い業界の複数企業の成功事例が数多く掲載されています。基本的に絶対値での表記はありませんが、成果が上がっていることは着手前と比較した相対的な表現（パーセンテージ、N倍など）からうかがうことができます。

例えば、データベースマーケティングを得意とするコンサルティング会社であるブレインパッドの成功事例ページには、カタログ、ＥＣサイトによる化粧品の通信販売を行っているD社の事例が紹介されています。D社に対して、顧客データの活用によるデータベースマーケティング、すなわち、データ分析によって課題・問題点を解析し、その結果に基づいた施策（ECサイトでのレコメンデーション）を展開したところ、顧客のリピート購入、顧客の定着化、優良顧客化を促進するなどの成果を上げたことが書かれています。（http://www.brainpad.co.jp/case/retail02/）

●ひとりのユーザーとして筆者が思うこと

また、筆者もユーザーとして利用している大手化粧品会社のＤＨＣ、書籍やＤＶＤ／ＣＤのAmazonは、データベースの活用の程度の詳細は公にされなくとも、サービスを受ける側として、その精度の高さは容易に推測できます。

それぞれの会社から、定期的、または不定期に届く、筆者の購買履歴やクリックログの内容がベースになっていると思われるメール、ログインしたあとＷｅｂサイトのトップページでの筆者向けのお薦め商品。仕組みとして完成されたデータベースマーケティングを、実感することができます。

Yahoo! JAPANなどを利用していても、「目黒区にお住まいの方へ」「40代なのに髪がこんなにサラサラ」といったバナーを見ると、私の登録データはこのように使われているんだ、と日々実感しています。

●瞳、データベース活用で切り抜ける！

マンガの主人公・瞳がとったデータベースマーケティングについても、その内容と狙った効果について確認しておきましょう。

まずこの件の特長は、トラブルの対処方法にデータベースマーケティングを活用したことです。

もともと起こったトラブルは、大手ハウジングメーカー・一洋ホームの「モデルハウス誘導オータムキャンペーン」の来場確認メールに、お客さまの申し込んだ場所とは異なる所在地名が記載してあって、混乱を招いたしまったというものです。

そこで、瞳が考案した方法は、もちろん謝罪は行いますが、該当するお客さまに一律に謝罪のメールを送るのではなく、次のように対象者をセグメント（分類）して、内容を変えて送る、というものです。

・新規のお客さま
・２回目以上来場のリピーターのお客さま

この２つのセグメント（分類）に分けた理由は、初回とリピーターのお客さまとでは「家を建てることに対するニーズの高さ、本気度のレベルが異なる」という仮説があったからです。

もちろんその目的は、怒らせてしまったり、落胆させてしまったりしたお客さまの気持ちを少しでも軽減して、モデルハウスには予定どおり来ていただくことに他なりません。

初回のお客さまには、「初めてのご来場予約にもかかわらず……」、リピーターのお客さまには「いつもご来場ありがとうございます、この度は……」など、まずは冒頭の切り出しの言葉選びから変えて対応をしました。

そして、その対応策実施に合わせて、瞳は一洋ホームの見込み客を管理するデータベースマーケティングに切り込みます。

キャンペーンの実施のたびに、データベースが増加し、実際にモデルハウス会場に来ていただくことで、そのデータの精度が高まることをマンガの中で強調しています。

Ｗｅｂサイトでの登録個人情報の正確性の担保は、金融系のＷｅｂサイトでもない限りなかなか困難です。Ｗｅｂサイトを

これまでのキャンペーンで一度でもアプローチのあったお客様には
『より見込みが高いお客様』として
キャンペーン
『見込みが高い客』
印（フラグ）をつけて管理するんです
5000人中…2000人くらいです
じゃあ 2回以上のお客様と今回初のお客様とでメールの文面を変えて
より状況に即した丁寧な謝罪文を送りましょう

通して登録してもらい、モデルハウスへの来場によって、リアルの実体ある情報が加わり、その登録情報は初めて「本物」となります。これは、家づくりというリアルで高額なビジネスに直結しているからこそ、重要なポイントとなったわけです。

　ちなみにこのアプローチが汎用的ということではありません。同業種以外だと当てはまらない場合もあるでしょう。基本的にデータベースマーケティングは、業種、業態、経営方針、営業戦略、扱っている商品、顧客などによって異なり、それぞれの企業固有のアプローチが必要です。

●カルチュア・コンビニエンス・クラブの場合

　現在筆者が所属する、カルチュア・コンビニエンス・クラブ株式会社のTSUTAYA事業におけるデータベースマーケティングについても少しだけ触れましょう。

みなさんは意外に思われるかもしれませんが、弊社のビジネスモデルのベースはＢ２Ｂです。最終的には、ひとりひとりの消費者の方に、映画や音楽などのエンターテインメント・パッケージをTSUTAYAやTSUTAYA online、TSUTAYA DISCASなど通じて提供していますが、弊社はTSUTAYAをフランチャイズ展開していますので、実際は約９割以上のTSUTAYAが日本各地の加盟企業様（以下、敬称略）に運営・営業していただいています。

ここでお話しするのは、その各加盟企業を対象としたデータベースマーケティングの取り組みです。

一般の方は目にすることはできませんが、各加盟企業、各店舗向けの完全にクローズドなTSUTAYA NAVIというＷｅｂサイトがあります。ＩＤとパスワードの入力がなければ閲覧ができません。

そこでは、店舗運営に関わる様々な情報を、全加盟店向けに掲載しています。一元的で格差のない情報提供と、各加盟企業及び店舗の利益拡大とコストダウンの実現が目的です。一般消費者向けのＥコマースのＷｅｂサイトと比べると、ターゲットも目的も極めて明確です。

あまり詳細にお話しすることは難しいですが、データベースの活用の考え方としては、主要な情報に対する各企業や店舗の関心や興味の有無やレベルを、Ｗｅｂサイトの閲覧状況、メールの各記事のクリックの状況からデータベース化しています。

ここまではある意味、前出のＤＨＣなどと同じで汎用的でよくあるデータベースマーケティングで基本中の基本です。

異なってくるのはここから先で、ＤＨＣなどのＢ２Ｃのビジネスと異なり、加盟企業、店舗向けはＢ２Ｂなので、これら企業や店舗のＷｅｂサイトやメールに関する行動履歴のデータベースと売上データを紐付けたものを、それぞれの企業や店舗の担当営業と定期的に共有します。今期は、それを営業活動に活用してもらい、効果検証を実施し、次の施策に活用する仕組みを回し始めたところです。

これもまたＢ２Ｂマーケティングの王道中の王道で、弊社にしかできない手法というわけではありません。従来の営業の経験と勘と売上実績に、データベースマーケティングで得られた情報を追加したと言えばそれまでのことです。

ただ、この当たり前のことを仕組みとして、組織として回していくためには、Ｗｅｂマーケティング担当ひとりのがんばりだけではとうてい無理です。上司はもちろん、部のメンバー全体の目的意識の共有と、実施と継続の覚悟が必要不可欠です。

かつてのコンサルタント時代のクライアント企業では、この組織の問題や意識共有が相当に困難で、プロジェクト自体がなかなか進まない企業もありました。

筆者は幸い、現部署では上司と周囲環境に恵まれて取り組みをさせていただいています。あとは、成果を継続的に出すこと、成功パターンを誰もが再現できるように仕組み化することが課題だと認識しています。

第8章 最後の切り札

そんな顔しないの

奥の手を使いましょう

チュン
チュン
チュン
これで…
オッケェ
〇〇様
この度は『一洋ホームオータムキャ
お申し込み下さって誠にありがと
今回、自社の手違いにより大変ご迷
改めて〇〇様の申し込まれたショ
開催場所をお知らせ致します。
日程　２００９年　９月２０
時間　１３時
場所　一洋ホーム・世田谷住宅
今回初のお客様と2回目以上のお客様それぞれにメールの文面を送ります
これが初回の方むけです
出来たぁ
やっと終わったの
おー
まぁ普通ね
そしてこれが2回目以上の方むけです
開催場所をお知らせ致します。
また今回の会場には
前回のキャンペーンでは一部地域のみの扱いだった
エコ住宅が登場しました。
オール電化に対応した
エコキュートや
ソーラ発電システム、温水式床暖房など
人にも地球にもお財布にもやさしいものと
なっております。
2回目以上
前回のキャンペーンと今回ではどう違うかを強調しています
……

たしかに細かい対応かもしれないわね
けどこれでお客様が来るの？
ドタキャン増えたら困るんだけど
！
そ…それは…
そんな顔しないの
奥の手を使いましょう
ガタン
奥の手？
うちのキャラクター
ムッヒィちゃん来場プレゼント
他のイベントで使うつもりだったけど
私の裁量でゆずってあげるわ
私これー!!
これこれこれこれ
僕これ

これだけ種類があるのならプレゼントも回数で差別化しませんか
!
これもかわいい
入場の際DBを使って初回、2回目、3回以上の方でプレゼントを分け、再来場や商談を促します
例えばこんな風に
一洋ホーム DB
A.3回以上来場 スリッパ + ぬいぐるみ
B.2回来場 ステーショナリーセット
C.初回来場 ボールペン
いいわ まかせる
メールにムッヒィちゃんプレゼントの旨を加えて
出来ることは全部やった
あとは神のみぞ知る…ね
オータムキャンペーン初日
一洋ホーム 住宅展示場
カッ
ドキドキ
お客様いっぱい
大繁盛してますよーに

ワイワイ
ザヤザヤ
ワイワイ
よかったあぁ
人がいっぱいいるよぉ
ハァ
木上爽一郎様は2度目の来場ですよね
来場用紙は以前ご記入頂いたので今回は変更点がないかチェックだけで結構です
ほー楽チンやな
受付
あ
印刷してある
!

住所も家族も変わらないでしょ
えーと
あ、メールアドレス変わったんだ
あれも瞳さんの提案ですよね
DBを存分に使いこなしてもらえてありがたいです
金澤さん
受け付けでお客様の名前を聞いてDBから既存の情報をプリントアウトする
お名前よろしいですか
ウィ…ウィ…ン
記入のわずらわしさが無い
ムッヒイ♡
はい これどうぞ
ギュウ〜

一ヵ月後
役員報告会
オータムキャンペーンの結果報告を致します
一洋ホーム
オータムキャンペーン報告会
全国あわせて 予約者数×××名 実際の訪問者×××名
情報登録率××% 次回商談の予約率××%
いずれも過去最高の数字です
また ドタキャン率××% こちらも過去最低の数字となりました
ムッヒィちゃん効果が出たのでしょう
私のアイデアです
どーーん
フフフ…
今回のキャンペーンはネットデイズにもご支援、ご協力をいただきました
ピクッ
担当者の頑張りが成功の一翼を担ったと考えています
板井さん…

次は
スプリングキャンペーン
対象地域、対象商品
カテゴリも増やす予定です
最近のマンション離れ、
戸建て志向の波に
のっていきたいと思います
最後に
パサ…
今回のポイントは
実体のある
モデルルームへの
集客効果を
ネットで最大化する
というものでした
ネットでの
プロモーションの際に
お客様のニーズに
合わせたサイトを
複数そろえたこと
ランディングページ
オプティマイゼーション
所謂LPOという
施策をとりました
ほう
そんなの
あったのか
ペーン報告
フォローメールの際には
お客様の来場履歴に
もとづき違う文面を送る
データベース
マーケティングの
考え方でもあり
ひとつのCRMです
モデルルームへの
来場を忘れないよう
メールでフォロー
色々
言いましたが
今回の
成功要因は

『ネットからリアルへの一気通貫マーケティング』
・お客様別プロモーションサイト
ネット
・メールを使ってモデルルームへ
・現場でDBを生かした接客
リアル
板井さん
先ほどはありがとうございました
これからもよろしくお願いします
ふん
よろしくたのむわよ
うう…こっちのDBも整理してやる
さらば結婚

成功と失敗の間で——プロジェクトを成功に導けた理由とは?

●今回のケースの成功要因

今回の瞳のプロジェクトは、途中、紆余曲折ありましたが、最終的には、秋のプロジェクトで挽回し、成功に終わりました。

最終回で、一洋ホームの担当者である板井が、会社の上位マネジメント層に対して、プロジェクトの報告をするシーンがありますが、そのシーンを使って、Webマーケティングの価値や役割をおさらいしつつ、今回の成功要因について整理していきます。

成功の要因を一言で言うと、「ネットからリアルへの一気通貫マーケティング」です。Webマーケティングだから成功というよりも、最終的な目標である、モデルハウスにお客さまを誘導するために、Webでできること、ITでできる強みにこだわりリアルへ橋渡しすることに焦点を当てた施策を実施したことです。
モデルハウスから逆引きして考えてみましょう。

・モデルハウスで商談する
→（受付で面倒な住所の記入が無いなど対応がスムーズで会社としての対応に好印象を持った）
・モデルハウスに来る
→（メールがきたので、モデルハウスに行く予定を忘れなかった／行くモチベーションを維持できた）
・来場確認のメールが届く
→（そろそろ、実際のモデルハウスを見てどこの会社で家を建てるか検討しようと考えている）
・一洋ホームのキャンペーンサイトでモデルハウス見学予約
→（一洋サイトにきたら、トップページではなく直接モデルハウス情報ページだったので、興味や関心が持続した）
・一洋ホームサイトのモデルハウス情報ページ

→（一洋ホームのこともモデルハウスがあることも知っていたので、行けそうな地名を入力して検索した）

・検索エンジンに、「一洋ホーム　モデルハウス　千葉」と入力

節目ごとに流れを整理するとこのようになります。

ネットだから、Ｗｅｂだから、ということよりも、お客さまがいかにスムーズに目的達成ができるかに注力して、フロー設計することが必須です。

また、うまくいかなかった場合を想定した失敗編を加味して、節目ごとにチャートで整理するとこのようになります。

この上層部向けの報告会のシーンは、筆者の強い意図があり入れてもらいました。実際には、別にめずらしくも何ともないよくあるシーンなのですが、Ｗｅｂのマーケティングの裏側に存在する、「施策立案の根拠や考え方」、「新しい技術を、顧客フォロー手段に組み込む考え方」等が事業活動にもたらす効果について、具体的なシーンを見ながら肌感覚で理解してもらいたかったのです。

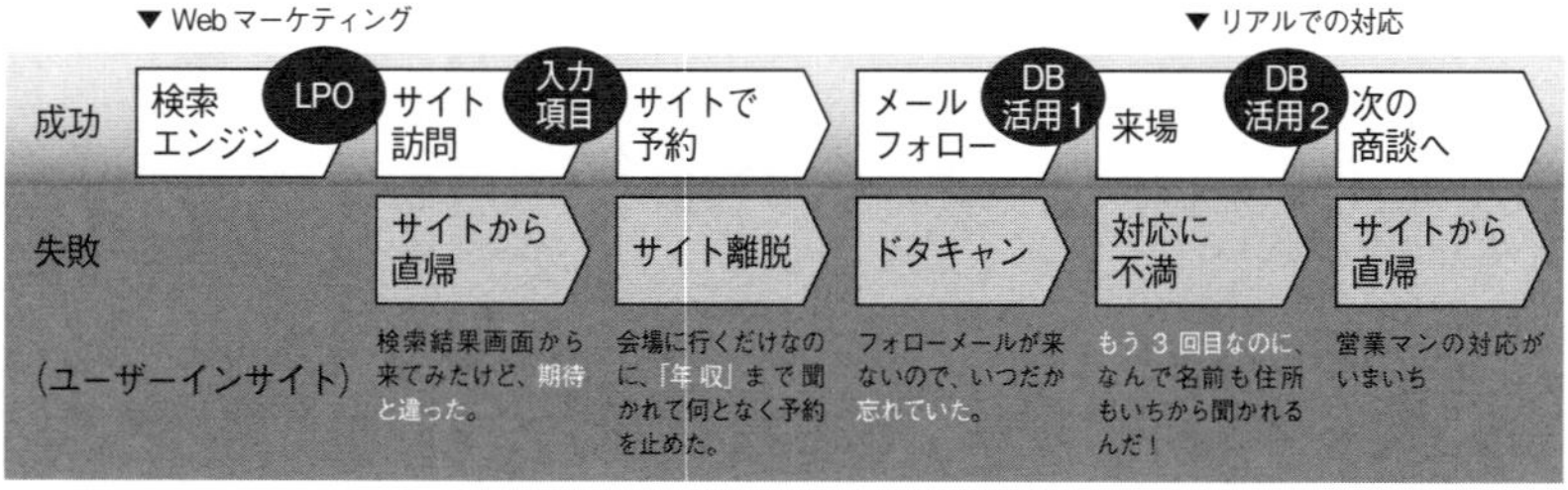

このような、お客さまの立場に立って目的達成をお手伝いするということは、歴史を紐解けば日本でも江戸時代すでに三井高利（江戸時代に三越を創業し、三井財閥の基礎を築いた）がその考えを初めて自分の店に取り入れ大繁盛させ、その後、商売の賢人たちにより確立されていった考え方です。

そのような顧客視点の考え方と、ＬＰＯ（ランディングページオプティマイゼーション：入口ページの最適化）という、お客さまが（興味を持って調べたいと思った）検索エンジンサイトで入力した言葉に連動したページを表示させる技術的を組み合わせただけのシンプルな施策です。

このＬＰＯは１つの例に過ぎませんが、メールをコミュニケーションの手段として使うこと、データベースを活用した来場確認書によりお客さまの記入の手間を省くなど「すべてはお客さまのため」です。Ｗｅｂマーケだから、リアルだからこそ、という問題ではありません。お客さまから見たら、Ｗｅｂサイトも店舗も全てユニクロと話されていた、ユニクロの高林さん（２章より）の言葉が、端的に原理原則を言い表しています。

Ｗｅｂとリアルを分けて考えているのは、実は企業側であり、組織や役割を縦割りで考えるところから起こっているため、本質的な顧客視点の考え方からかけ離れてしまっているのです。

●失敗はなぜ起こるのか

ちょっとここで普遍的な話をさせてください。

プロジェクトの数だけ成功要因もあれば、失敗もあると思います。細かいことを言えば、キリがありません。でも、成功にしても失敗にしても、つねに変わらない普遍的な要素が必ずあります。また、学びは、成功よりも失敗からより多く、質の高い貴重なものが得られます。

ここでは、その失敗の普遍性にフォーカスして、話を進めていきたいと思います。また、この章で言いたいことは、この章を読むことで、失敗の疑似体験を読者のみなさんにしていただき、少しでも今後に活かしていただきたいということです。

今回瞳が担当した案件は、いわゆる単発プロジェクトです。本番実施期間が5月の連休から9月の連休、準備期間を含めると約半年間のプロジェクトでした。ルーティンワークと大きく異なる点は、次のとおりです。

・1回のプロジェクトで成功することが期待されている。

例えば、新しく起こした長期にわたる事業なら、それこそ3年度目から黒字化を目指すなど、中長期的な視点に立って、成功基準の定義、KPIの策定をします。

しかし、瞳の今回のケースは、まさしく典型的な単発プロジェクトです。彼女は、本来、春のキャンペーン単体での成功を期待されていました。しかし、最初の時点でクライアントである一洋ホームとの間で、KPIの策定時に齟齬がありました。

瞳は、クライアントとのヒアリングの結果、「KPIはPVの増加である」という、クライアントの言葉に対し、「PVの増加だけをKPIにしてしまっていいのか」と懸念を抱いていました。

その懸念を持っていたのですが、実際は、当該キャンペーンサイトへ顧客を誘導し、PVを増加させる施策を実施しました。そして、この施策の実施に、リソース（人手と予算配

PVだけで いいんですか？ KPIの 本来の意味は…
いいのよ うちはずっと そうしてきたん だから

分）を集中させました。結果、そのサイトのＰＶを増加させるという目標は達成しました。

しかし、クライアントのヒアリングを経て、ＰＶをＫＰＩと策定したにもかかわらず、実施後、一洋ホーム側から、「モデルハウスの予約者が増えなくては意味がない」「プロのコンサルタントのあなたが、なんでアドバイスしてくれないのよ！」と、怒られてしまいます。

いわゆる、認識のズレ（相違）が生じたまま前に進み、望まない結果となり失敗に至ってしまったケースです。プロジェクトの失敗の要因として、大小問わず最も多いのではないでしょうか。

誘導施策の失敗などといったプランニングの問題ではなく、根源的な理由です。

瞳は、「ＰＶだけが目標でいいわけがない」と気になっていましたが、それをクライアントに再度確認することなく進めてしまいました。

「靴の中の小石は、歩く前に取り除け」――いにしえの賢人たちはよく言ったものです。瞳の小石は、この認識のズレ（なんか、ズレがあるような気がするけど、取り敢えず、進めてしまおう、という違和感を伴う感覚）でした。

くどいかもしれませんが、再掲します。失敗プロジェクトの原因は必ず、大なり小なり認識のズレ（相違）があります。何かうまくいかない？そのときは、おそらく、関係各位の間で認識が少しずつ異なっているはずです。継続しているルーティンの業務の中での失敗は、次回への糧《かて》になることも多いですが、1回の実施で成功が期待されている単発のプロジェクトの場合は念には念を入れて取り組まないと命とりになります。

●「PDCA→継続→成功」のセオリー

すっかり汎用的になってしまった「PDCAサイクル」。汎用的過ぎて、今さら定義や成り立ちを調べる方もほとんどいら

っしゃらないかもしれません。

　また、ＰＤＣＡを回して、それを継続させて、成功へと導くセオリーに対して、疑問や不審を持つ方もほぼいらっしゃらないでしょう。

　さて、あらためて、ＰＤＣＡサイクルについて、基本的なことを確認したいと思います。ＰＤＣＡサイクルは、「企業が行う一連の活動を、それぞれPlan-Do-Check-Action（ＰＤＣＡ）という観点から管理するフレームワーク」（グロービス「ＭＢＡ経営辞書」）と定義されています。

　このアルファベット４文字を詳細化すると、次のようになります。

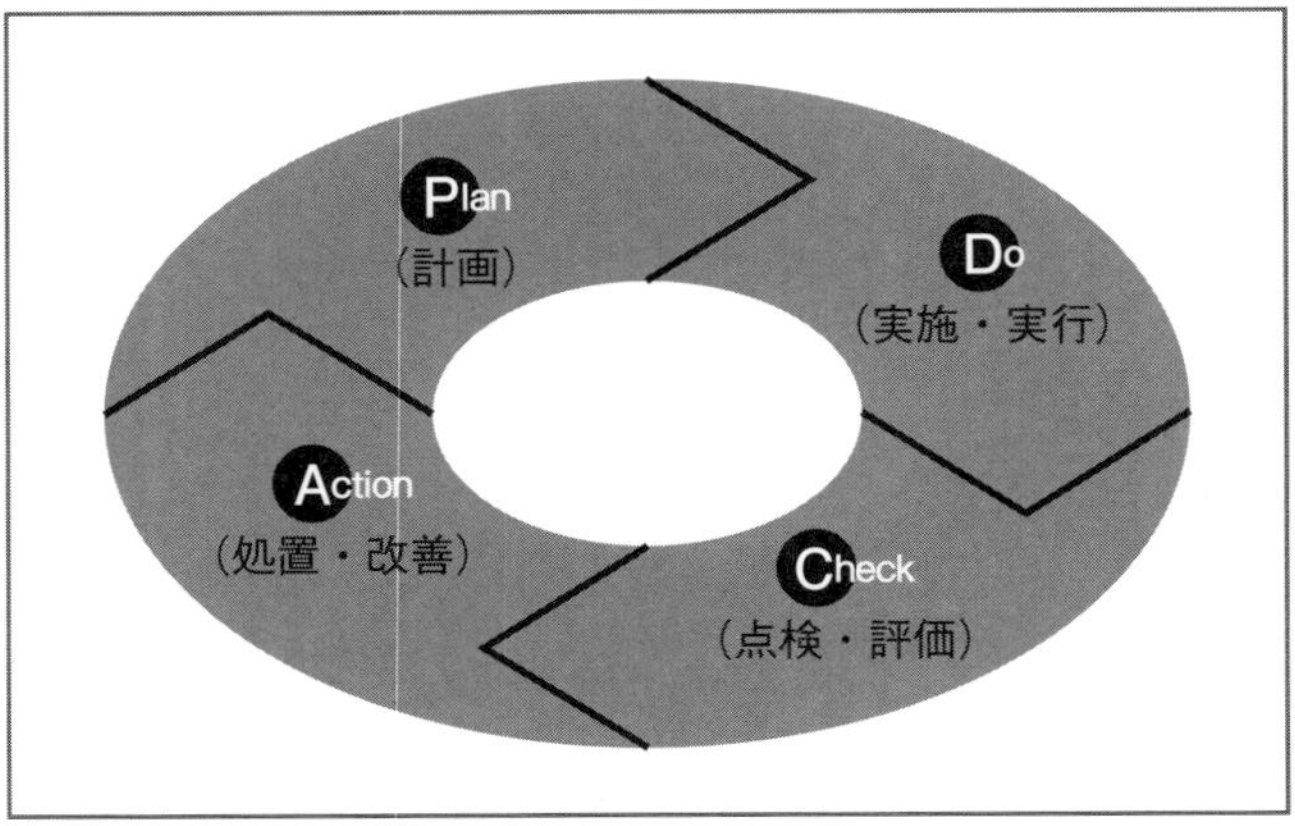

ＰＤＣＡサイクルとは：

Plan（計画）：まず目標を設定し、それを具体的な行動計画に落とし込む

Do（実施・実行）：組織構造と役割を決めて人員を配置し、組織構成員の動機づけを図りながら、具体的な行動を指揮・命令する

Check（点検・評価）：途中で成果を測定・評価する

Action（処置・改善）：必要に応じて修正を加える

この説明を聞いて、ＰＤＣＡに関する新しい発見は特にないという方もいるかもしれません。おそらく、「知っています」「認識しています」が大半かと思われます。

しかし、その当たり前のことをスキーム化して長期的に継続させることが、現実にはなかなか困難であるとよく耳にします。とはいえ、実際にどれだけの人が、このＰＤＣＡを回したくても回せない状況にあるのか、データを探したのですが、そのようなデータはどこにもありませんでした。そこで、簡単なアンケートを取ってみました。

「あなたの会社や部署で、ＰＤＣＡがまわり機能していると思いますか」という設問に対して、選択肢は４つ、回答も含めて次の通りです。

各人の感覚値とはいえ、３と４を足した65％の企業が、「機能していない」と認識しているということになります。

仕組みも簡易なアンケートであり、精密な結果を求めるというよりも、筆者の仮説（ＰＤＣＡ

をうまく回している会社は、まだまだ多くないのではないか）に対して大きな乖離が無ければよしとするつもりだったので、大枠では筆者の仮説に近いと思っています。

特に、恒常的に続く事業は半永久的にＰＤＣＡサイクルを回し続ける必要があるでしょうし、何よりもそうすることで事業の価値を上げていくことが可能です。むしろ、漫然と続けるよりも、ＰＤＣＡのスキームを確立させることで次のような行動が取れるようになります。

・目的にそった行動が取れる
・当初立てた計画どおり進行しているのか確認できる
・結果がどうだったのか、当初の目標とそのギャップをチェックできる
・その結果から良かったこと、悪かったことがわかる
・次にするべきことの優先度がつけられる

「あなたの会社や部署で、PDCAがまわり機能していると思いますか」

1 機能していると思う	9票	9.28 %
2 そこそこ機能していると思う	25票	25.77 %
3 あまり機能していない	36票	37.11 %
4 まったく機能していない	27票	27.84 %

（「オンライン経営情報誌 GLOBIS.JP協力、実施2011年1月6日～20日、有効回答数97、回答者当Webサイト訪問者、重複回答無し）

ＰＤＣＡスキームを業務フローの中に、役割とタスク内容と想定工数を入れて落とし込むことが今まさに求められています。成功に近道はありませんね。

（2章1節め「●ＫＰＩとは？――じつは会計用語です」と合わせてお読みください）

●どうしても鳴らしておきたい警鐘

ここでひとつ、どうしても警鐘を鳴らしておきたいことがあります。これは、筆者の実体験に基づくものに、筆者や周囲の意見を加味した話になります。

それは、安易にツールやソフトに手を出さないことです。なんだ、そんなことかと言われるかもしれませんが、周囲を見渡すと、業務要件（追って詳細後述）定義に曖昧さが残った状態で、ソフトウェアやＡＳＰに手を出しているケースが実に多いからです。そして、その多くが使いこなせずに、「なんでこんなもの入れたんだ！」ということに陥っています。

なぜ、そのような事態が頻発しているのでしょう？

「業務要件定義（以降、要件定義）」は、業務を内容と機能、フローの詳細に分解し、それぞれを定義し、そこに人的リソースがどう関わるのかを明確にした「業務の仕様書」を作ることに近く、事業への深い造詣と理解、日常業務とその人員のタスクやスケジュール感の把握、それらの因果関係性の導出も必要なため、高度なスキルと体力が求められます。

この要件定義の段階で力尽きて、いっそ「ツールを入れたらラクにできるのでは」「あとは、システムがうまくやってくれる」「世界有数の企業が導入しているツールだし、安心だ」と安易な理由をつけて導入してしまっているのです。

結果、ツールの仕様や機能に人間の方が合わせるような事態に陥り、現場の営業やオペレーションに運用負荷がかかる状態を招いてしまっています。

筆者の場合は、営業支援ツールであるSFA（Sales Force Automation）や、CRM（Customer Relationship Management）などでこのような話を聞くケースが多かったように思います。

世界的に有名な営業支援ツールをかつて会社で導入したという人の話を聞きました。

当時のその会社の管理部門が、営業に対するヒアリングをほとんど行わない状態で、営業支援ツールの導入を決めてしまったそうなのです。導入後、ある日突然、「営業の皆さんは何日までに、営業実績、行動状況を入力してください」「入力する際の決まりはこうです」「（営業がツールの仕様に対する希望を提示すると）それは、このツールの仕様ではできません」等一方的とも取れる通達があり、営業の現場と管理部門が非常にギクシャクしたようなのです。

管理部門による、営業メンバーの日常業務内容やスケジュール感に対する理解がないまま、管理部門側のニーズを満たすことが優先され、要件定義されていたのは明らかです。

Ｅコマースパッケージ導入の失敗、ＣＲＭパッケージ導入の失敗など、マーケティング系のシステム導入の結果、上手く機能しなかった例なども、具体的にお話しすることはできませんが、本当によく見てきました。

上手くいかないとき、「システムのせいになっている」ケースもよく耳にしますが、詳細を聞いてみると、システムのせいというよりも要件定義の段階で問題を抱えていたケースが多々あり、実は事業部側に問題の本質があることも多いのです。

コラム4　失敗セミナーを開きたい

マーケティングの戦略やケーススタディ、ITやWebのソリューションやソフトウェアに関するセミナーは、実に毎日どこかで行われています。セミナー情報を得る手段にも困りません。気になる会社のメルマガ会員になる、ビジネス系のニュースサイトに登録する。「セミナー情報.com」「ビジネスクラスセミナー」「セミナーズ」などセミナー情報のポータルサイトでチェックする、業界団体の会員になるなど、いくらでもあります。

しかし、どんなに探してもなかなか見つからないのが、「失敗事例セミナー」です。世の中はじつに「成功事例」で溢れ返っており、世の中には成功者しかいないのだろうか、と思うぐらいです。「成功事例」から得られるものは大概は当たり前のことばかりで、仮説を超えるものは少なく、認識の再確認であることが筆者の経験上多いです。

もちろん、成功事例セミナーが無意味だと言いたいわけではありません。ただ、多くの場合、成功事例のポイントは「マーケティングのセオリーや基本に忠実にやった」とか、「徹底した顧客視点にこだわった」「社内調整と上層部の理解を得るために奔走した」などに集約されます。それは、ある意味、基本に忠実に当たり前のことを行うことが、いかにできていないなく、難しいか、という原理原則の証明とも言えます。

これとは逆に、失敗は悲惨ですが、失敗は本当に多くのことを教えてくれます。わかっていたはずなのに、なぜ当たり前のことができなかったのか?当たり前のことを「やったはず」なのに、なぜ失敗してしまったのか?

この解に正面から向き合うことに、次なる成功のヒントがあります。失敗事例セミナーなるものがあれば、どんなにか有益だろうと思います。完全にクローズドで、ＮＤＡを締結して実施のような失敗事例セミナーがあればぜひ参加したいものです。

『社長失格―ぼくの会社がつぶれた理由』（日経ＢＰ社、１９９８年）という、ロングセラーの書籍があります。著者の板倉雄一郎さんは、１９９６年にインターネットと広告を結びつけた「ハイパーネット」という仕組みを開発、アスキーと提携し、インターネット接続無料サービスを展開し、当時たいへんな注目を集めました。「ニュービジネス大賞」も受賞し、あのビル・ゲイツからもアポイントメントを望まれた同氏ですが、翌１９９７年に会社が破産、さらにその翌年自己破産となります。

この書籍はその顛末をつづったもので、ベンチャー企業を立ち上げ、注目を受けて、失敗に至るまでの完全なる疑似体験が可能です。筆者は、同書に書かれてあった失敗の数々から、実に多くのことを学びました。そして、これらを実際に悲惨に経験することなく、学べたことが実に貴重だと感じました。

ここでは、その失敗の要因の詳細には触れませんが、大きくは、「ファイナンスの失敗」と「社内外の人間関係づくり」の2つと筆者は判断しました。

書籍発行後、板倉氏は、この自身の失敗体験を赤裸々に伝えることでビジネスのヒントを得てもらおうとセミナーを何回か開かれているようです。

筆者の認識している、公的な失敗セミナーは今のところ、この板倉氏のセミナーのみです。これからの日本も、失敗についてもオープンに語れる、ビジネス土壌になってほしいものです。

第9章
あなたに会いたくて

負けちゃ
だめよ

フンフン
フフン
スベスベして気持ちいいい♪
オリーブ万歳ね
こりゃ間違いなく売れるわ
いや…売れなきゃね テレビの取材まで受けちゃったんだから
カほり
BODY SOAP

まさかあのWBS（ウェブビジネスサテライト）から取材されるなんて…
今回新商品“かほり”に“Pポイント”を導入なさったようなのですが
そもそも“Pポイント”とは何でしょうか?
ユーザーにどのような利点があるのでしょうか?
ドキドキ
あの…
す、すみません キンチョーしちゃって
製品に書かれているシリアル番号をサイトから入力すると100円分のPポイントがもらえます
購入
シリアル番号
P会員番号入力
100P
ポイント
メーカーは顧客情報が取得できるというメリットもあるしね
通常は顧客接点は販売店や流通が握っていますので
メーカーはなかなか顧客情報を取得することができません
このPポイントの仕組みはユーザーとメーカーの両方にメリットを提供できるDB（データベース）マーケティングなんです
なるほどですね
取材って疲れるなぁ もういいや恥ずかしいし
こんばんはWBSです
特集は“今、オリーブ商品が熱い!”です
かわいく映ってるかな…
キタ――（・∀・）――!!
ガバッ

四聖堂から新発売された“かほり”は
毎日使うものなので安心して使えることを全面的に押し出しています
わぁ…キンチョーしてるよ私…
え終わり
短っ
大手メーカーの参加がある一方で…
うそでしょ2時間インタビューしてたったの30秒なんて
ネットの口コミから静かなブームになりつつあるのが“小豆島の恵み”
あ“小豆島の恵み”だ
本当に人気あるわね…
最近マスコミに取り上げられまくりじゃない…
アトピーの息子の為に作ったオリーブ石鹸をネットで売ってみたんです
そしたら全国から注文が…
この話もこの生産者《オジサン》も何度目か…

…ってことは
ブームのきっかけになったのは通販サイトってことよね
カタ
カタ
どこが仕掛けているんだろう
小豆島の恵み　ヒット　裏側
検索
カチッ
「小豆島の恵み」
ヒットの裏側を徹底追跡！
出会い
イメージでデザイン統一
洗顔用石鹸が口コミサイトで話題に
「小豆島の恵み」との出会い
明日香さんっ
webディレクター
江口　明日香
松天辞めたって噂はきいていたけど…
ECサイトやっているんだ…
まさか　オリーブのボディソープを扱ってたなんて…
……
あれからもう5年か…

明日香さんと話したのは後にも先にも一回だけだった
けどそれが私の未来を決定付けたかもしれない
松Ⓜ天
カタカタカタカタカタ
……
カタカタカタカタカタ
カタカタカタカタカタ
カタカタカタカタ
ショッピングモール最大手の松天にインターンに来てもう3日目だけど…
この人何も指示してくれない
カタカタ
カタ
どうしよぉぉ
インターン時代の瞳
仕事って自分で探すものなのかな…
ピクッ
そっ…
何かあったら言うから
は…はい
あーもう黙ってらんない
勝手に触らないで
あっすみません
ビクッ
……
石野くんっ

インターンの一人も
まともに面倒
見れない人には
いつまでたっても
社内のチームなんて
任せられないわよ
す、すっみません
仕事が
たまってて
言い訳しないっ
は…はい
三立さん
は、はい
負けちゃ
だめよ

あの言葉に救われたなぁ
結局明日香さんとはあの一回しか話せなかった
私の成長した姿を見てほしい
どーん
でもだからこそ
グッ
負けられない
翌朝
チュン
チュン
“小豆島の恵み”の特集です
いいですよねー コレ
チュン
昨日TV見た？
君が思ってたほど放送されなかったね
マスコミに取り上げてもらえるようマーケティングしてもらわないと困るんだよね
口コミはバカに出来ないよ わかる？
四聖堂

わかってるわよ
そんなこと
すみません
アプローチを
再検討して今週中には…
今週中!?
明日には企画仕上げて
持ってきてよ!
お酒
ガンッ
ばっきゃろう
こっちだって
必死なんだよ
くわっ
瞳さんって
酒乱だったん
ですね…
誰が
酒乱よ!!
愚痴ってる
だけよ
ゴン
てっ
うちの商品の
どこが
いけないのよ
イタリアの太陽を
浴びてできた
オリーブよ
小豆島なんかに
負けてないわよ
えーん
そうかしら
む

"小豆島の恵み"は本当にいい石鹸よ
きめ細やかでお肌には優しいし泡立ちも香りもバツグン
どうしてそんなこと知ってるんですか!!
いつの間にか飲みトモ
だって私ヘビーユーザーだもの
裏切り者っ
居酒屋でワインのむな!
知らないわよ
東北∞の五十嵐君だって使ってるのよ
そりゃ使うでしょ
え
あのジャニの五十嵐君
彼のブログに"小豆島の恵み"サイコーって書いてあったのよ
もうファンが2ちゃんやSNSで大騒ぎ
ええそうなんだ私も使おうかなぁ
他のメンバーも使い始めたらしいしね
……
それだ

口コミは口コミでも
ただの口コミじゃない
爆発的に影響力のある
人物がポイントだ
私
先帰ります!!
ガラッ
あの子
疲れるわね
はい
数か月後
いやぁ
やられたよ
三立さん
君のおかげで
“かほり”
大盛況だよ
"かほり"
オリーブinボディシャンプー特集
第一位
やらせじゃない方向で
意図的に話題を
作り上げるとはなぁ
上層部も
大喜びだよ
うちの知名度がさらに
上がったんだからな
それにしても
まさか

本当にあなた
うまくやるもんねぇ
コッ
なんかにくたらしい
へへへ
"かほり"のCMに出てる女優6人にツイッターやブログに感想を書いてもらったんですよね
そしてツイッターの「ハッシュタグ」機能を使ったの
twitter
#kahori
"かほり"サイト
それと"かほり"のサイトからハッシュタグのついたツイートの一覧も見れるようにした
ユーザーの生の声はもちろん——
芸能人の本音も混ざってるんだから話題になるよね
○○さんも使っているらしいって
でも芸能人がいるって告知なしですよね
もちろんあちこちで噂は流したけど
ヤフトピで取り上げられたことかな
トピックス
・オリーブに芸能人殺到
それまでもツイッターとの連動でPVとUUが週単位で30%アップしてたけど
あれで一気に7倍になったから
でも決定的だったのが

な
7倍ですか
1日、2日の間だけどね
本当にびっくり
ヤフトピはバカに出来ないのね
コトッ
確かに今回はいい商品でした
だからあれだけ口コミが広がったんだと思います
その良さをツールや手段を使って常に最大限の成果を出すのが
私たちwebマーケッターの仕事だと改めて認識しました
それに気付けたのも“小豆島の恵み”のおかげかな
離れていながらもまた明日香さんに教えてもらった気がします
そしていつかきっと
明日香さんにwebマーケッターとして一人前になった私を見てほしいな

Webマーケッターはこれからどうなるのか？

●夢の実現とキャリアアップ

職種としてのWebマーケッターは人材市場での流動性も高く、ある意味、これまでの終身雇用型の日本の雇用スタイルの概念に一石を投じる（すでに、投じ始めている）職種だと実感しています。

というのも、筆者も含め、周囲のWebマーケッターの人たちに共通する傾向として、自分の夢の実現や、キャリア形成を考慮して、転職することにあまり抵抗がないことがあげられます。むしろ、転職することで、理想的なキャリア形成を実現させているといえるでしょう。

筆者が学んでいる、MBAのHRM（人材マネジメント）のクラスの推奨図書（1994年のハーバードビジネスレビュー）に、以下のような記載があります。

「社員が1つの会社でキャリアを積んでいく時代は終わった。社員は会社の成功にコミットしながら、競争力のあるスキルを身に付け、キャリアを自らマネージしていかねばならない。そして、企業には社員のキャリア開発の機会を提供する義務があるのだ。」

日本企業もそこで働く人も職種関係なく遅かれ早かれ、この考え方を受け入れる時期がきているといえます。

●WebマーケッターDさんのキャリアプラン

最近、弊社を退職したＷｅｂマーケッターのＤさん（３０代男性）は、私のツタヤオンライン（以下、ＴＯＬ）時代の元部下ですが、キャリアの考え方などは、まさしくその典型です。

Ｄさんは、大学でマーケティングを専攻していました。大学時代に、アルバイトでの販売業務を通じてマーケティングの面白さに目覚め、就職時に将来の職種でマーケッターになろうと決意したそうです。

卒業後、ＳＩ（システムインテグレーター）に就職しました。筆者としては、マーケッター志望でＳＩ？と若干奇異な印象があったのですが、彼には当時興味があったＩＴ系のマーケッターになるためという理由があったようです。ＳＥ（システムエンジニア）からのスタートでしたが、システムを構築する際にもユーザビリティや顧客ニーズなどのマーケット視点が必要だと再認識することも多く、あらためてシステムが創り出すユーザーへの価値を考えるきっかけになったとのことです。

しかしその後、ＳＩにおいて実現できるマーケティングに限界を感じて、ＴＯＬへの転職の道を選びました。ＴＯＬは、その当時すでに１３００万人を超えるオンライン会員を有するネット事業会社で、Ｗｅｂマーケティングをゴリゴリやれるだろう、と期待をもって入社したそうです。それと同時にＤさんは、「この会社には長く居て5年ぐらいだろう」と、その次への転職を最初から前提としていたようです。

ＤさんはＴＯＬ時代、大規模なアクセス解析ツールの導入と効果検証スキームを作り、その後異動になって、ネット事業統括戦略担当も経て、ちょうど48か月（まる４年）で、予定通り弊社を去りました。

Ｄさんの次の会社もまた、非常に大人数のユーザーを有する大手のネット事業会社です。大手のコンサルティングの会社に行くか、この大手ネット事業会社に行くかは、最後まで悩んだようですが、自分の5年後の市場価値、成長の幅を勘案して大手のネット事業会社を選んだとのことです。現在は、その大手のネット事業会社で、新規サービス開発プロジェクトの一員として、日々忙しくしているようです。

と、Ｄさんの話が完結したかのようですが、Ｄさんの話にはまだ続きがあります。Ｄさんのさらにその次の考えです。今、就業している大手ネット事業会社で想定している経験とキャリアを得たら退職して、ネット戦略系のコンサルタントの道を考えているそうです。その頃のＤさんは、40歳手前になっているというキャリアプランです。

退職の意思があると告げられたとき、彼とは久しぶりに話をしたのですが（この時点では、お互い上司部下の関係ではなく、元上司と元部下）、ここまで明確なキャリアプランを考えている彼に、人材市場の流動性を高める潮流を作る先駆的なＷｅｂマーケッターの姿を感じました。

Ｄさんのケースは、特に顕著でわかりやすいキャリアプランの考え方で、全員がこうだとはいいませんが、Ｄさんのような人は今後益々増えていくだろうと思います。

ある一定以上の年齢の方から見れば、身勝手な考え方だと思われるかもしれませんが、先のハーバードビジネスレビューでも訴えているように、人材市場、個人のキャリア形成の考え方は確実に変化してきています。組織や体制づくりも、日本企業従来の新卒採用、内部昇進優先の考え方を機軸にした人事システムのままでは、新しい職種の人材が順応しない可能性も出てくることでしょう。

これからの若い方は、自分が提供できる価値を客観的に認識し、キャリアは自分の意思で育成する覚悟をもって仕事と向き合う必要があると思います。そうすることで、自らが望む職種や職業に就ける確率を上げることにも繋がりますし、不幸にして職を失う可能性も低くなると思います。

○Webマーケッター Dさんのキャリア予想（Webマーケッターエコシステムにあてはめる）

④ソリューション提供Webマーケッター：7年間（29歳）

←

②ネット専属事業会社Webマーケッター：4年（33歳）TOL

←※今回の転職

②ネット専属事業会社Webマーケッター：5年（38歳）（予定）

←

③広告代理店、コンサルタントWebマーケッター

●Webマーケッター市場の今とこれから（ジュニアからリーダークラス）

そして、いま現在、日本のWebマーケッターを取り巻く人材市場はどのようになっているのでしょう。

また、Webマーケッターといっても、大学出たてのジュニアから35歳ぐらいのリーダークラ

ス、部門長などのシニアからひいてはＣＭＯ（チーフ・マーケティング・オフィサー）などの上位マネジメント層と、いくつかのクラスに分かれるため、それぞれの市況は異なります。

また、序章でも取り上げましたが、Ｗｅｂマーケッターエコシステムの４つの分類も、それぞれ業界属性が別なので同様に市況は異なります。

「②のネット専業事業会社、③の広告代理店、コンサルタント、④のソリューション提供は求人需要が多く、その一方で、①のメーカー、事業会社はそれらと比較すると少ないのが現状です（２０１１年1月インタビュー時点）」とは、大手転職エージェント、株式会社リクルートエージェントのＷｅｂ／Ｉ

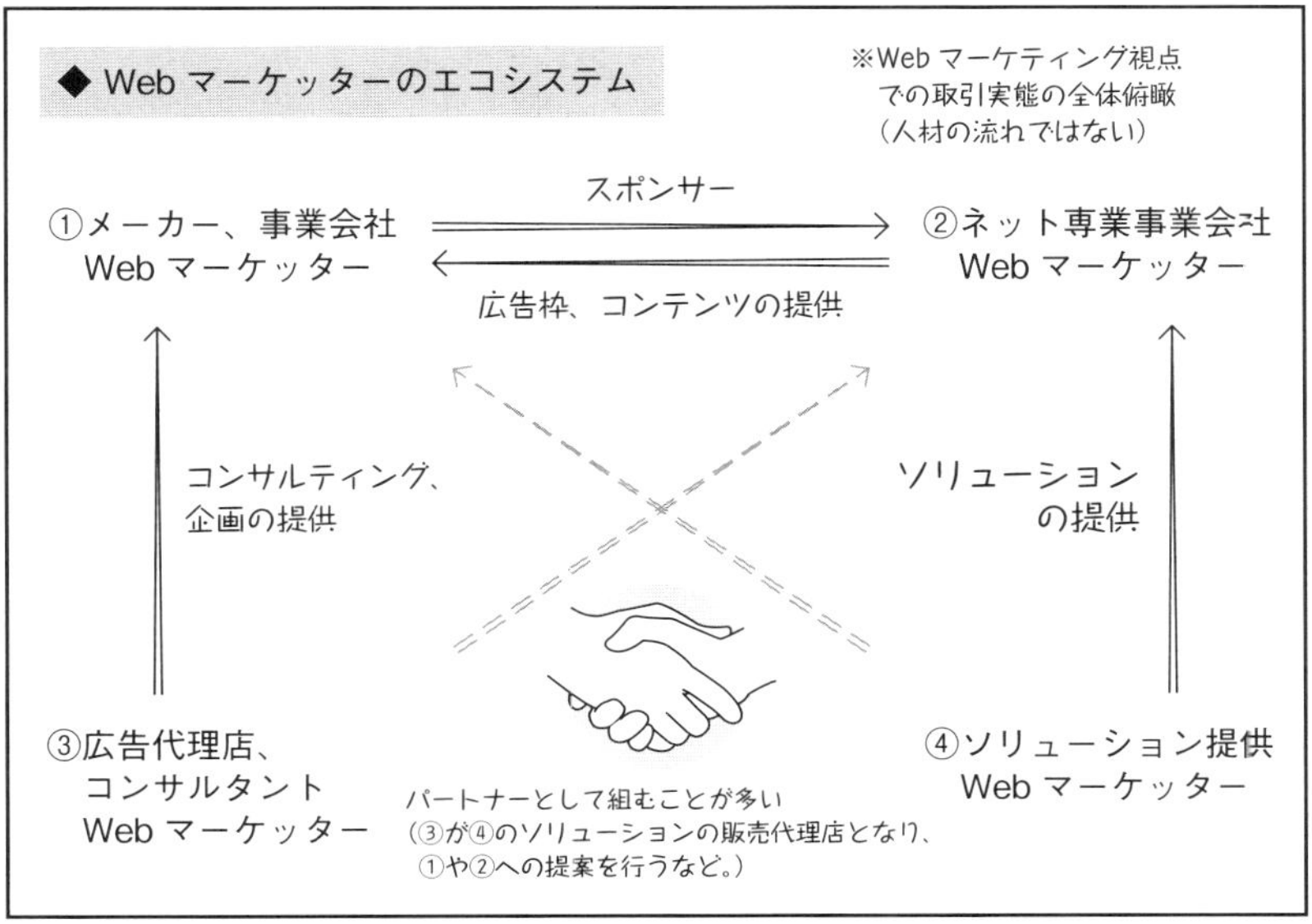

T分野の採用コンサルティングを手掛ける小原進也さん。

特に②のネット専業事業会社の中でも、モバイル分野は元気がいいようです。「プロデューサー気質があり、システムに強くてビジネスがわかる。さまざまな分野に精通した人材が求められている」とおっしゃっていました。

③については、従来のマスメディアに強い広告代理店よりも、ネット広告専業系、ネットマーケティングコンサルタント系の方が、ネットのことを本質的に分かっているということで評価が高いそうです。

そして①の企業系の求人が「少ない」の意味合いとしては、メーカーや事業会社の場合、「内部登用（＝新卒者の登用重視の傾向）」があるため、外部採用には慎重になっている、という背景があるようです。残念ながら、実際に外部からの入社後、周囲とのフィットがなかなか厳しかったなどの事例がまだまだあるようです。それで、現在は、②～④のカテゴリーの求人の伸びに対して、①からのニーズの増加が少ないとのことでした。

実際に、筆者の周囲の①のメーカー、事業会社Ｗｅｂマーケッターの人たちは、高い確率で新卒入社の方たちが占めています。新卒入社以外で、①でＷｅｂマーケッターをしている筆者のパターンは、客観的にみるとレアケースなようです。

しかし、それも今後の人材流動化で次第に様変わりしていくことでしょう。

以下は参考値ですが、リクルートエージェント社からお借りしたデータです。

棒グラフがＷｅｂマーケティング全般の人材の求人（Ｗｅｂプロデューサー／ディレクター／デザイナー／エンジニア）、折れ線が求人市場全体です。いずれもリーマンショック（２００８年９月）後に落ち込んでいますが、Ｗｅｂ関連はその後の回復の状態が見られます。一方、全体の求人となると、底を打った感はあるもののまだまだ厳しい様子がうかがえます。

●Ｗｅｂマーケッター市場の今とこれから（シニアクラス）

Ｗｅｂマーケッターも35歳～40歳の時期は、リーダーからシニアへとその後のキャリアパスを考える時期だと思います。

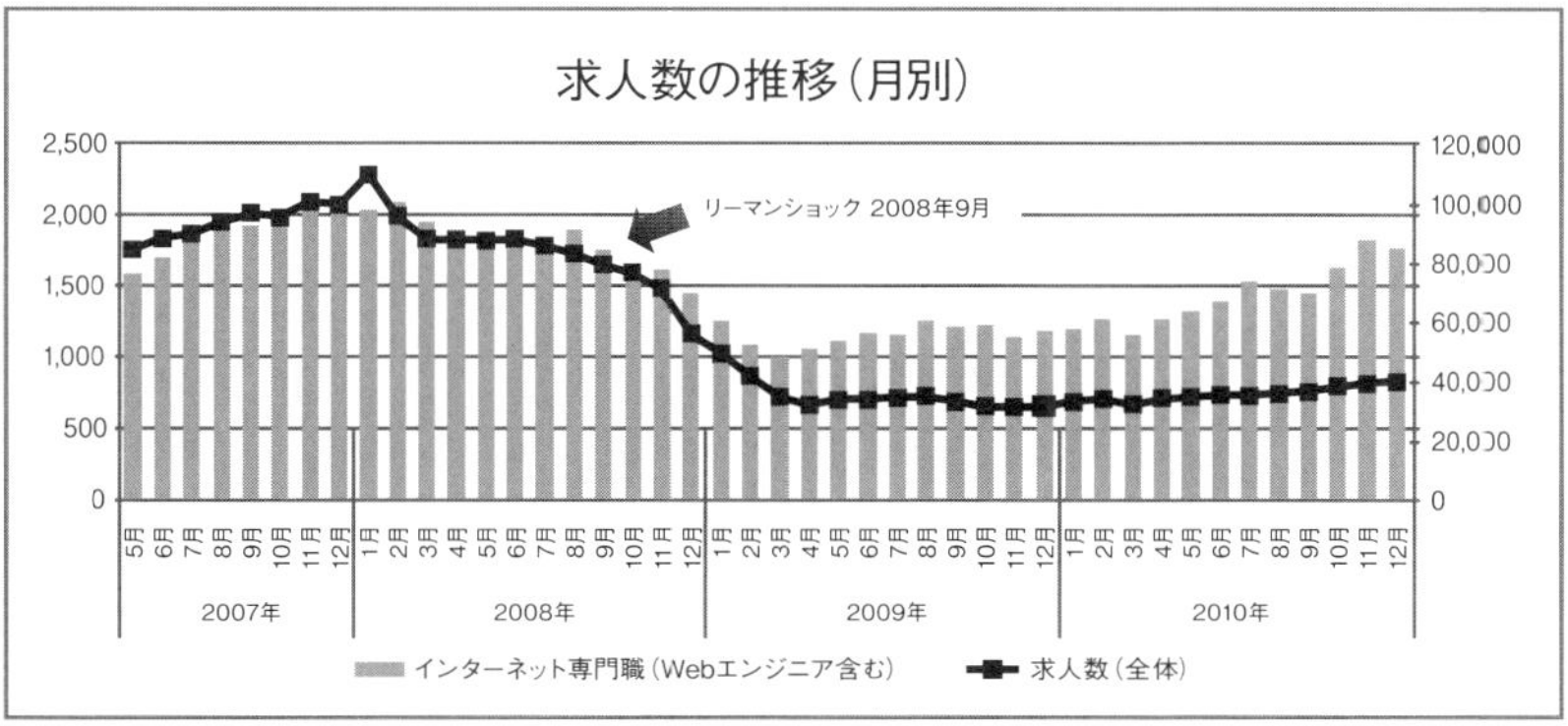

出典：リクルートエージェント（http://www.r-agent.co.jp/）

筆者も、現在の会社（当時は株式会社ツタヤオンライン）へ転職してきたのは、39歳のときでした。それまでは、大手クライアント企業に対するＷｅｂマーケティング戦略案件のコンサルタントをしていました。エコシステムでいう③の広告代理店、コンサルタントＷｅｂマーケッターです。

コンサルティングの面白さも十分にあったのですが、結局は、自分の会社のことでは無いため「痒いところを自分でかけないもどかしさ」を感じていました。それで、自分の会社の事業のためにマーケティングを主導したいと思って、転職を決意しました。

自分の年齢も考慮して、マネージャー職以上を探していたところ、今の会社に縁があって２００７年３月の入社にいたりました。（②のネット専業事業会社Ｗｅｂマーケッターになりました）

ちなみに、この２００７年当時は、大手のＢ２Ｃメーカーや事業会社からのシニアクラスの求人が今よりずっと多かったそうです。資金を投下して、新しいことにチャレンジするムードがあったのだと思われます。当時から、大手メーカー、事業会社のシニアクラスの求人を担当されていた、サーチファーム・ジャパン（シニアクラスからマネジメントのヘッドハンティング会社）の篠原光太郎さんは、「その頃のＥ社（とても有名な大手メーカーです）は特に、Ｗｅｂマーケティングに積極的で、他のネット専業の事業会社でスーパーマン的存在だった方を招聘し、部門をつくるほどだった」と振り返ります。

しかし、その後、サブプライム、リーマンショックで一気に落ち込んでしまいました。そして、今は、若干景気が上向いてきたものの、前の節でも触れたように、メーカーや事業会社は、未だ「内部登用」が人事システムのベースにあるため、シニアクラスの「外部採用」に二の足を踏む企業が、現在は大勢のようです。とはいえ、日本企業もグローバル化による合併や統合が、今後益々考えられる中、今と同じ考え方では環境の変化に現人事システムが適応できない事態も訪れるのではないでしょうか。

その一方で、現在、②のネット専業事業会社のシニアクラスの求人はお天気で言うと「晴れ」だそうです。ここ1、2年の、「モバゲー」「グリー」などのテレビコマーシャルでの露出、Twitter、facebookなどSNSの一般大衆化、GoogleやYahoo!で「検索して調べる行為」の日常化を見ていると、この業界の景気がよさそうな予測はついてましたが、専門家（同じく、篠原さん）からあらためて言われると、いま、この業界の好環境を実感します。

引き続き篠原さんに、「メーカーや事業会社のシニアクラスで、外部採用で成功する条件」をうかがいました。

○メーカーや事業会社のシニアクラスで、外部採用で成功する5つの条件
・開拓力：ゼロから何かを立ち上げた経験がある
・調整力と指導力：上を味方にして、社内を啓蒙できる（できた）
・人間力：魅力的で人間的
・専門性：ビジネスマンとしてのスキルの上に、Webマーケティングの専門性がある
・適応力と柔軟性：組織をわかっている

納得感のある5項目です。そして、行動特性としていつでも常に、「必要なことを、何度も何度も繰り返し言い続けている」そうです。

デキル人の普遍性、を感じます。

●CMO（チーフ・マーケティング・オフィサー）を目指す!?（経営幹部）

CMO（チーフ・マーケティング・オフィサー）といえば、筆者には、思い出すと恥ずかしくなる話があります。現在の、カルチュア・コンビニエンス・クラブ株式会社入社の際に（その当時は、株式会社ツタヤオンライン）、当時の服部社長から5年後の私のイメージは？と質問され

た際に、とっさに「ＣＭＯ」とこたえました。マーケティングを勉強し、職務として携わっているので、このままいつか極めたいという願望はぼんやりと持っていたので、思わず口を突いて出てしまったようです。

あれから４年たち、もはやあと１年で５年たつことになります。それはさておき、筆者は、日本の企業ではＣＭＯが少ないことが特徴でもあり、それが日本企業の個性を表しているのではないかと日頃から思っています。

実際、２０１１年１月現在、日本の大企業の経営幹部タイトルの表記はどうなっているでしょう。各社のＷｅｂサイトの役員一覧から引用します。

ＣＥＯ、ＣＦＯなど、Ｃで始まるアルファベット３文字称号が使用されておらず、従来の代表取締役社長、代表取締役副社長、専務取締役などの表記の企業には、トヨタ自動車、日本電気（ＮＥＣ）、日立、パナソニックなどがあります。

おなじみの企業名ばかりです。

経営幹部の称号について*責任領域が端的に称号化されていることが特徴

CEO	（チーフ・エグゼクティブ・オフィサー＝最高経営責任者、いわゆる代表取締役社長）
CIO	（チーフ・インフォメーション・オフィサー＝最高情報技術責任者、主にIT系）
CFO	（チーフ・ファイナンシャル・オフィサー＝最高財務責任者）
CMO	（チーフ・マーケティング・オフィサー＝最高マーケティング責任者）
COO	（チーフ・オペレーティング・オフィサー＝最高執行責任者）
CLO	（チーフ・リーガル・オフィサー＝最高法務責任者）

一方、ＣＥＯハワード・ストリンガー、ＣＦＯ加藤優との記載があったのは、あのソニーです。なお、同社のＷｅｂサイトにはＣＭＯとしての表記はありませんでしたが、たまたま同社にいる知人にきいたらＣＭＯ職の方はいらっしゃるようです（敬称略、以下同様）。

また、表記は日本語ですが、明らかにそれらの表記の日本語訳ととれる、「最高経営責任者（→ＣＥＯ）カルロス・ゴーン」、「最高執行責任者（→ＣＯＯ）志賀 俊之」の表記は日産自動車でした。お気づきだと思いますが、いずれも社長が日本人ではありません。

また、筆者が把握している範囲で、ＣＭＯと表記があるＷｅｂサイトは、帝人です。「だけじゃない、テイジン」と可愛いフランス人の女の子が言っていたあのテレビコマーシャルの帝人です。ＣＥＯ大八木成男、ＣＦＯ片山隆之、ＣＭＯ森田順二、ＣＴＯ谷田部俊明との表記があります。

日本企業にＣＭＯがあまり見られない事実が表していること、おそらく日本企業の特徴なり個性と思い、その理由を知りたい、それを知ることがマーケティングの仕事をする者が将来を考えるにあたって必要と考え、この仮説を検証しようとあるインタビューを試みました。

国際的な経営幹部のヘッドハンティングの専門家であり、経営幹部のコーチングをされている、株式会社島本パートナーズの安永雄彦社長です。グロービス経営大学院で教授もされています。たまたま筆者は同氏の授業を取っていたため、今回の本書に書き下ろしにあたり、無理を言ってインタビューの時間を作って頂きました。

短い時間の中で、非常に端的で明解で濃い内容の話を頂きました。

「日本の会社にＣＭＯがいないのは、日本の会社がプロダクトアウト（商品供給者主導の考え方）の発想からまだ抜けられないでいるから」、と。

戦後の、ものづくり信仰のなかでの「いいものをつくったら売れる」という思いと、強い営業パワーで売りまくってきた右肩上がりの高度経済成長の頃の組織体制から脱却を図れないでいるということです。

ちなみにプロダクトアウトの発想の対極にあるのは、マーケットインです。市場環境、競合を知り、顧客の期待とニーズを知ろう、という発想がベースにあるのがマーケットインで、これがまさしく「マーケティング」のベースにある考え方です。

日本の多くの企業の組織や体制は、マーケットインを軸足にして考えられた体制ではなく、「売るための営業体制」に、市場調査や広告宣伝や販促の機能を後から必要に応じて付け足した体制なのです。だから、社内の権力の中枢というよりも、営業ラインの補佐的な立場であることが多いのでしょう。

経済成長の時期を過ぎて停滞期に入っている日本の企業は、組織体制づくりから見直さないと勝てない、と先生は仰っていました。「日本と米国のマーケティングの違い」というコラムの中で触れたことが、安永先生のお話と見事に繋がりました。

「このままプロダクトアウトの発想のままでいいのでしょうか?」と、ほぼ応えが予想される質問に対して先生から、「いいわけは無いでしょう。ただ、組織を変えるのは本当に大変で、やるなら、強制力でもって組織を抜本的に変えるしかない」という言葉を頂きました。

経営陣自らが、マーケットインをベースにした体制が自社に必要と認識し、強い意志で組織を変えていく日が本当にきて欲しいものです。

●人脈づくりと情報交換

また、社外の人との交流の団体も、「Ｗｅｂ広告研究会」「インターネット広告推進協議会」「Ｗｅｂ担当者Forum」「アクセス解析イニシアチブ」など多数あります。有料、無料問わずセミナーや勉強会は、ほぼ毎日のようにどこかで行われています。

Ｗｅｂマーケッターは、基本的なビジネススキルは当然ながら、さらに、専門的知識が求められ、かつ職種として新しいため、(とくにリアル事業の)企業内に範となる人材や知見が少なく、結果的に、それらの解を社外に求めた結果だと思われます。

筆者自身も、かつては「Ｗｅｂ広告研究会」、現在は「Ｗｅｂ担当者Forum」「アクセス解析イニシアチブ」「女子Ｗｅｂマスター会（筆者が個人的にやっている会）」等の活動を通じて、同じ職種の人たちと定期的にかかわり、知識やスキルだけでなく、キャリアも含めた幅広い情報交換を行っています。

おわりに

ようやく、周囲の皆さんに支えられてこの本を書き上げることができそうです。

最初の1文字目を打ったのは、２０１０年8月でした。半年以上前です。記録的な猛暑、またそのときは、大学院で取っているクラス（アカウンティング）がハードでついていくのが必死で、執筆どころではない日々が続いていました。

本格的な執筆作業に入ったのは、長く暑い夏が終わって10月も半ばに入ってからです。長いこと筆が進まず、執筆のお話を頂いた「Ｗｅｂ担当者Forum」編集長の安田さんや、本書の編集担当の鈴木さん、内藤さんには随分と心配をかけてしまったと反省しています。

普通の会社員として平日はフルタイムで仕事をして、大学院にも通っているので、自分が本当に執筆できるのかは実はとても不安で、途中で止めたくなったことも何度となくありました。

でも、そのようなとき、常に私の原動力になったのは、本書の「はじめに」にも記した、「Ｗｅｂマーケティングの正しい理解」、「企業の適切なＷｅｂマーケティング活用」の実現に貢献したいという「意志と使命感」そのものでした。

Ｗｅｂマーケティングの啓蒙に関しては、以前も今も、常日頃から周囲に対して自らの言葉と態度で伝えてきています。しかし、そう簡単に浸透するものでもなく、講演や連載、座談会などの機会を得られても伝えられることは一部だけです。

だからこそ、1冊の書籍として、自分が伝えたいことを網羅的に、体系立てて目に見えるカタチにするこのチャンスを絶対に活かさなければならないと、そうしないとバチが当たるぐらいに思ったのです（笑）。

どうせやるならきっちりと作り込もうと、ここに至るまでの間、20人近い方々へのインタビューを行い、データ提供に関する数社企業との交渉や調整などがありました。編集の鈴木さんにはとてもご苦労をお掛けしてしまいましたが、その甲斐あってリアリティと迫力のある内容になったと思います。

お一人ずつの御礼はここでは難しいので割愛させて頂きますが、本当にありがとうございました。皆さまのご協力があって、この書籍が完成されたと思っています。

また、何よりも夫（Ｗｅｂマーケティングコンサルタント：私と、会社は異なりますが同じ職種です）の理解と支えがあったから、最後まで書き上げることができたのだと思います。パートナーの話を執筆の最後に出す方が多いですが、これは本当だと思いました。

「Ｗｅｂマーケティングの正しい理解」と「企業の適切なＷｅｂマーケティング活用」の実現、「Ｗｅｂマーケッター」の輝かしい未来のために！

２０１１年３月　村上佳代

■本書の初出について

本書は、インプレスビジネスメディアが運営するWebサイト「Web担当者Forum」にて、「【漫画】Webマーケッター瞳 シーズン1（http://web-tan.forum.impressrd.jp/l/4284）」として連載されたウェブマンガを書籍化したものです。ただし、解説部分に関しては書き下ろしとなります。

Web担当者Forum

http://web-tan.forum.impressRD.jp/

企業のWeb担当者のための、実用ウェブビジネス専門情報サイト。「企業ホームページ活用」と「ウェブマーケティング」の2つの軸で、ニュースや解説/ノウハウなどを毎日更新でお届けします。扱うテーマはSEO、SEM、アクセス解析、CMS、ユーザビリティ、広報/PR、ネット広告、モバイル、ネットショップなど、多岐にわたります。

■マンガ制作

トレンド・プロ

http://www.ad-manga.com/

主に広告マンガ、イラスト、アニメ、キャラクターの制作を手がけるマンガ制作プロダクション。動機付け、興味の喚起、ストーリー性、分かりやすさなど、マンガの持つ強力な訴求力を活用し、企業が発信するさまざまなメッセージを織り込んだマンガ制作を得意としている。

■協力

オンライン経営情報誌 GLOBIS.JP
カルチュア・コンビニエンス・クラブ株式会社
木村 尚美
サーチファーム・ジャパン株式会社
高林 千歌
舘田 智
安永 雄彦
山本 桂輔
雪風
株式会社リクルートエージェント
（敬称略・50音順）

■STAFF

カバー・本文デザイン　森 裕昌
DTP　株式会社ウイリング
編集　内藤 貴志
鈴木 教之

■著者略歴

村上 佳代（むらかみ かよ）

本文執筆・マンガ原案・全体監修

カルチュア・コンビニエンス・クラブ株式会社TSUTAYA事業本部にてWebマーケティングディレクターを務め、事業部とIT/Webの橋渡しに専念。前職は、ネットイヤーグループ株式会社のWebマーケティングコンサルタント。2009年、人気Web漫画「Webマーケッター瞳」の原案、監修。1996年より一貫して15年間、Webマーケティング、デジタルコンテンツ業界に身を置く。現在は会社勤務の傍ら、グロービス経営大学院（MBA）でMBA取得を目指している。

Twitterアカウント　@murakami_kayo
ブログ　～MBA大爆笑!日記～　by ムラカミ カヨ
http://riha-ku.cocolog-nifty.com/blog/

ソウ

マンガ作画

漫画家。代表作は『マンガで分かる心療内科』（少年画報社）、『心理研究家ゆうきゆうのスーパーリアルRPG』（マガジンランド）ほか多数。

星井博文（ほしい ひろふみ）

マンガシナリオ

漫画家・漫画原作作家。ヤングジャンプにてデビュー。著作に『中京女子大レスリング部物語「ちゅうじょ」』（実業之日本社）など多数。

■お買い上げ書籍についての問い合わせ先

本書の内容についてのご質問は、下記の宛先まで、返信用切手を同封の上、封書でお送りください。返信には、しばらくお時間をいただく場合がございます。本書の範囲を超える質問には、お答えいたしかねます。あらかじめご了承ください。

〒102−0075 東京都千代田区三番町20
株式会社インプレスジャパン
「マンガでわかるWebマーケティング」質問係

■乱丁・落丁本のご返送先

乱丁および落丁本は、送料当社負担にてお取り替えいたします。下記の宛先までご返送ください。

インプレスカスタマーセンター
TEL:03-5213-9295　FAX:03-5275-2443
E-Mail:info@impress.co.jp

■書店・取次ご注文窓口

出版営業
TEL:03-5275-2442　FAX:03-5275-2444

●本書の内容は、解説部分は2011年2月までの情報、マンガ部分はWebでの掲載開始当時（2009年8月頃）の情報を基に執筆されています。紹介したWebサイトやアプリケーション、サービスなどは変更される可能性があります。
●本書の内容によって生じる、直接または間接被害について、著者ならびに弊社では、一切の責任を負いかねます。
●本書中の会社名、製品名、サービス名などは、一般に各社の登録商標、または商標です。なお、本書では©、®、™は明記していません。

マンガでわかるWeb《ウェブ》マーケティング
—Web《ウェブ》マーケッター瞳《ひとみ》の挑戦《ちょうせん》!—

2011年4月21日　初版第1刷発行
2011年7月1日　初版第3刷発行

著　者　村上《むらかみ》佳代《かよ》、ソウ、星井《ほしい》博文《ひろふみ》

発行人　土田米一

発　行　株式会社インプレスジャパン　An Impress Group Company
〒102-0075　東京都千代田区三番町20
http://www.impressjapan.jp/

発　売　株式会社インプレスコミュニケーションズ　An Impress Group Company
〒102-0075　東京都千代田区三番町20

印刷所　株式会社リーブルテック

ISBN978-4-8443-3016-5

Printed in Japan